中国体育学文库

|体育人文社会学|

国际田联教练员培训探析

赵雯婷 著

北京体育大学出版社

策划编辑 孙宇辉
责任编辑 陆继萍
责任校对 刘艺璇
版式设计 中联华文

图书在版编目（CIP）数据

国际田联教练员培训探析/赵雯婷著．--北京：
北京体育大学出版社，2024.8. --ISBN 978-7-5644
-4173-9

Ⅰ．G820.25
中国国家版本馆 CIP 数据核字第 20249AQ065 号

国际田联教练员培训探析　　　　　　　　　　　赵雯婷　著
GUOJI TIANLIAN JIAOLIANYUAN PEIXUN TANXI

出版发行：北京体育大学出版社
地　　址：北京市海淀区农大南路 1 号院 2 号楼 2 层办公 B-212
邮　　编：100084
网　　址：http：//cbs．bsu．edu．cn
发 行 部：010-62989320
邮 购 部：北京体育大学出版社读者服务部 010-62989432
印　　刷：河北鸿运腾达印刷有限公司
开　　本：710 mm × 1000 mm　1/16
成品尺寸：170 mm × 240 mm
印　　张：10.75
字　　数：130 千字
版　　次：2024 年 8 月第 1 版
印　　次：2024 年 8 月第 1 次印刷
定　　价：85.00 元

前言

当今社会，在信息化和全球化浪潮的推动下，体育事业得到了全方位发展。在体育全球化背景下的现代社会中，国际和国内体育组织紧密联系在一起，各国之间的体育活动在科学化的道路上加速发展。围绕《体育强国建设纲要》，体育工作应逐步实现全地域覆盖、全球化合作、全人群共享等发展目标。

近年来，我国竞技田径运动在世界范围内取得了一定的成绩，但是，其整体水平与世界体育强国之间还存在显而易见的差距。田径教练员作为运动训练活动的主导者和运动训练过程的控制者，直接影响着田径运动的训练水平和训练效果，是决定田径运动员技术水平的关键因素。但是，我国大部分田径教练员都是运动员出身，长期以来沿袭着"师傅带徒弟"的训练模式，再加上田径运动以个人项目为主，田径教练员的工作环境较为封闭，导致我国很多田径教练员知识结构单一、思维有局限性以及执教理念落后。因此，田径教练员的培养是关系到我国竞技田径运动事业发展的战略性问题。

然而，我国田径教练员岗位培训工作目前还存在着诸多问题，如培训制度和法规体系不完善、各地区培训工作的发展不平衡、培训课程内容的安排不合理、培训教材的编写严重滞后、培训讲师队伍的建设不规范、培训经费的投入严重不足以及培训效果的评价标准不科学等。从某种意义上来说，我国田径教练员岗位培训体系不完善造成的田径教练员执教水平相对落后的问题，是导致我国竞技田径运动员技术水平低下的重要原因之一，它影响了我国竞技田径运动的长期持续发展。

　　针对这一问题，笔者不禁思考，我们是否可以通过借鉴国际体育组织在构建教练员培训体系方面的先进经验来完善我国田径教练员岗位培训体系，并提出具有一定可操作性的创新模式呢？事实上，我国足球教练员岗位培训体系就是在亚洲足球联合会（以下简称"亚足联"）教练员培训体系的基础上建立的。中国足球协会在教练员培训工作中实行亚足联制定的五级教练员培训体系，使用亚足联教学大纲和培训教材，并聘请具有国际足球联合会或亚足联认证资格的培训讲师进行授课。因此，在我国田径教练员岗位培训体系的发展进程中，对国际田径联合会（以下简称"国际田联"）教练员培训和认证体系的借鉴具有一定的理论意义和实践价值。但是，国际田联教练员培训和认证体系的各个环节和要素并不完全适用于我国田径教练员岗位培训体系的实际需要，因此，我国田径教练员岗位培训体系的改革与创新不能生搬硬套国际田联教练员培训和认证体系。

　　鉴于此，本书立足于全球化体育发展战略背景，深入剖析国际田联教练员培训和认证体系的发展现状与培训机制，探寻其值得借鉴的方法和措施；同时，全面评估我国田径教练员岗位培训体系的现实需求，诊断其存在的主要问题，在结合我国现实国情和国际先进范例的基础上，通过实证调研提出我国田径教练员岗位培训体系的创新模式，并为该培训体系的长期发展提供积极有益的参考和建议。

本书从国际视野出发，对国际田联教练员培训和认证体系进行了全面介绍和系统分析，不仅丰富了体育教练员培训体系的理论研究成果，为我国体育教练员培训工作的开展提供了相应的指导性资讯，同时也顺应了体育全球化的发展趋势。通过调查研究与实证分析，结合人力资源培训理论和国际先进经验所推导出的我国田径教练员岗位培训体系的创新模式，具有一定的实用价值，有利于田径教练员岗位培训工作质量的提高和制度的完善。

本书的主要创新点如下：

学术思想创新。本书对目前国内研究较少的国际田联教练员培训和认证体系进行了较为系统的研究，这一研究有助于开阔国内研究者的眼界和思维，可以为我国体育教练员培训的研究工作提供相应的资讯，展现了新的视角。

学术观点创新。本书推导出我国田径教练员岗位培训体系的创新模式，内容较全面，在制度建设、课程体系、讲师资格认证和效果评估机制等方面有一定的创新性。同时，该创新模式结合了我国的实际情况和国际的先进范例，具有较强的可操作性，可以为我国田径教练员岗位培训工作的开展提供一定的借鉴，体现了新的内容。

研究平台和资源独特。笔者具有英语语言学和体育学双重教育背景，具有在"国际田联地区发展中心·北京"担任外事翻译人员近8年的工作经历，长期负责国际田联培训课程的组织实施、培训资料的口译和笔译以及国际田联教练员培训数据库的管理工作。在本书的成书过程中，笔者多参考国际田联培训的英文资料，并在翻译后将这些资料引入国内培训工作中。同时，在研究过程中，笔者也对国际田联工作人员、外籍讲师和中国田径协会（以下简称"中国田协"）工作人员进行了大量调研访谈。故而，本书在研究平台和资源方面比较独特。

目录
CONTENTS

第一章

国际田联教练员培训和认证体系的发展历程

国际田径联合会（International Association of Athletics Federations，缩写为 IAAF），简称国际田联①，是一个经国际奥委会认证的管理全球田径运动工作的国际单项体育组织。田径运动是历史悠久的体育运动项目，包括径赛运动、田赛运动、公路跑、竞走、越野跑和山地跑等。早在公元前 776 年的第 1 届古代奥林匹克运动会上，短跑就作为田径运动的唯一比赛项目被载入史册。在 1896 年举办的第 1 届现代奥林匹克运动会上，田径运动是主要比赛项目。因为田径运动在世界范围内具有普及性，因此，国际田联逐渐发展成为组织机构较为完备、规模较大、具有较大影响力的国际单项体育组织之一。

国际田联于 1990 年开始创建并实施国际田联教练员培训和认证体系（IAAF Coaches Education and Certification System，缩写为 IAAF CECS）。在所有体育项目的教练员岗位培训体系中，国际田联教练员培训和认证体系是第一个在全球范围内对教练员进行统一教育培训的体系。作为国际田联发展与教育计划的重要组成部分，国际田联教练员培

---

① 2019 年 6 月，国际田联更名为"世界田径"（World Athletics，简称"WA"），并于 2019 年 10 月正式启用。本书写于 2019 年 10 月以前，因此，文中均使用国际田联这一名称。

训和认证体系不仅对世界各国的田径教练员的职业发展道路进行了系统的规划，而且为各个会员田径协会构建了一个规范化的田径教练员培训框架。

国际田联教练员培训和认证体系在全球范围的实施与推广工作主要由国际田联发展部负责。国际田联发展部成立于1987年，目的是积极推广和促进田径运动在世界各国的发展与普及。成立初期的国际田联发展部全面评估了田径运动在全球范围内的发展状况，并根据一系列数据指标确定了影响田径运动发展的七个重要因素。其中，专业田径教练员的匮乏是七个因素中的关键因素。众所周知，体育教练员作为运动训练活动的主导者和运动训练过程的控制者，直接影响着运动员的训练水平和训练效果，是决定运动员技术水平的关键因素。基于此，国际田联提出了针对田径运动发展的"十年发展规划（1990—2000年）"，其核心内容是在全球范围内实施与推广国际田联教练员培训和认证体系，为需要帮助的各国、各地区的会员田径协会提供国际水准的田径教练员培训机会，培养一批达到国际水平的专业田径教练员。

该发展规划自1990年正式实施至今已有30余年，国际田联教练员培训和认证体系主要经历了三个发展阶段：①1990年，国际田联为了对全球范围内的田径教练员培训工作进行规范化管理，开始创建并实施国际田联三级教练员培训和认证体系。②2007年，为了顺应国际田径运动发展的新形势，国际田联在肯尼亚通过了国际田联五级教练员培训和认证体系，该体系在之前实施的国际田联三级教练员培训和认证体系的基础上，融入国际田联少儿田径运动教练员培训课程以及国际田联田径学院教练员培训课程，共同组成一个综合的培训体系。其中，一级教练员培训主要是针对少儿田径运动教练员和青少年田径教练员能力的培养与发展；二级教练员培训主要是为即将开始田径教练员生涯的人群提供发展的机会与路径；三级教练员培训主要是发展田径中级教练员的专项训练理论水平与实践能力；四级教练员培训主要是发展以提高运动成绩为导向的高水平田径教练员的专项训练理论水平与实践能力；五级教练员培训为国际田联田径学院的教练员培训，其目标主要是提高高水平田径教练员在某一特殊领域的专项执教能力和管理水平。③2015 年年底，国际田联对五级教练员培训和认证体系又做了更新和改进，并于2016 年实施新的三级教练员培训和认证体系。新的三级教练员培训和认证体系由五级教练员培训和认证体系简化而来。

国际田联将五级教练员培训和认证体系中的一级和二级教练员培训课程合并为新的三级教练员培训和认证体系中的一级教练员培训课程，作为培养青少年田径教练员的培训课程，同时，原一级教练员培训课程中部分涉及少儿田径运动的培训课程被独立出来，作为专门培养少儿田径运动教练员的课程；五级教练员培训和认证体系中的三级和四级教练员培训课程分别变更为新的三级教练员培训和认证体系中的二级和三级教练员培训课程，培训内容并无实质性变化；而五级教练员培训和认证体系中的田径学院教练员培训课程将不再作为国际田联新三级教练员培训和认证体系的培训课程的组成部分，而是作为独立的课程体系，其授课内容根据各个国家和地区的实际发展需要进行安排。在对国际田联发展部前主任的访谈中，笔者了解到，尽管国际田联教练员培训和认证体系的等级有所变化，但培训体系的战略目标和培训课程的核心内容等并未发生大的变动，只是将少儿田径运动教练员培训课程和田径学院教练员培训课程作为独立的培训课程，从而达到简化国际田联教练员培训和认证体系的目的。

在全球范围实施与推广国际田联教练员培训和认证体系时，制定培训标准、设计教学大纲、提供培训资料、聘用培训讲师、统计培训情况和建立评价体系等统筹管理工作主要由国际田联发展部负责，具体培训课程由在全球范围内设立的国际田联地区发展中心主办。根据国际田联全球发展战略规划，为了在世界范围内全面系统地推动田径运动发展，国际田联在全世界设有 9 个地区发展中心，其中包括国际田联地区发展中心·北京（International Association of Athletics Federation Regional Development Centre·Beijing，缩写为 IAAF RDC·Beijing）。这些地区发展中心作为国际田联的直属派出机构，分布于亚洲、欧洲、非洲、美洲和大洋洲。

国际田联地区发展中心·北京坐落于北京体育大学内，成立于 1994 年 10 月。在国际田联的直接领导下，国际田联地区发展中心·北京支持并协助中国、日本、韩国、朝鲜、老挝、蒙古、越南等国家和中国香港、中国澳门、中国台北等地区的会员田径协会发展田径运动，同时与上述会员田径协会保持密切沟通，起到连接国际田联和各会员田径协会的桥梁作用。国际田联地区发展中心·北京的工作直接由国际田联发展部领导，并接受亚洲田径协会（Asian Athletics Association，缩写为 AAA）、国家体育总局、北京体育大学的指导和协调。

国际田联地区发展中心·北京的工作职责主要包括：①负责国际田联与中国、日本、韩国、朝鲜、蒙古、老挝、越南等国家和中国香港、中国澳门、中国台北等地区的会员田径协会的联络工作，起到连接国际田联与各会员田径协会的桥梁作用；②根据国际田联的工作安排，组织实施亚洲地区田径教练员、裁判员、协会官员等人员的培训活动；③根据国际田联的工作安排，组织开展竞赛组织管理、信息技术、运动医学等各类研讨班；④推广国际田联少儿田径运动，开展"亚洲地区青少年田径夏令营"，加强对田径后备人才的培养；⑤接待国际、国内体育界著名人士和东亚地区各会员田径协会工作人员的访问；⑥推广田径运动文化；⑦利用国际田联的资源，积极促进北京体育大学田径学科的发展，并开展田径运动科研工作。

第二章

国际田联教练员培训和认证体系的机制探究

第一节　国际田联教练员培训和认证体系的战略目标

国际田联教练员培训和认证体系有明确的战略目标，包括两项长期目标和六项具体目标。

两项长期目标：①确保各个国家和地区都有足够多的符合国际标准的田径教练员，使各个国家和地区的田径运动计划项目能有效地开展；②确保各个国家和地区在不依赖外部资源的情况下，能为本国或本地区培养出符合国际标准的田径教练员。

六项具体目标：①为田径教练员提供能力、知识方面的培训，加强其对田径理论和实践的理解，这样田径教练员就能在不分年龄、性别、种族的情况下，为所有运动员提供更多的机会来发掘他们的潜能；②促进田径教练员伦理道德水平的提升；③提供全球通用的标准化课程，采用全球统一的申请形式，引领田径教练员获得专业资格；④做出适当的努力来协助社区田径运动的发展，尊重社区的价值观；⑤增加女性参与培训和获得认证的机会，使她们成为有资格的田径教练员；⑥致力于使田径运动成为学生在学校里首选的体育运动。

在国际田联教练员培训和认证体系的两项长期目标中，国际田联充分考虑各个国家和地区田径运动发展的不平衡性，为田径运动发展欠发达地区提供公平的培养田径教练员的机会，推动各个国家和地区田径运动的发展，并致力于为所有的国家或地区培养出符合国际标准的田径教练员。在六项具体目标中，国际田联不仅考虑各个国家和地区田径教练员的知识储备和执教能力，同时，也从伦理道德水平、统一的标准化课程、社区田径运动、女性田径教练员和学校田径运动等方面对国际田联教练员培训和认证体系的具体目标进行了阐述。

第二节 国际田联教练员培训和认证体系的培训需求

国际田联在全球范围内共拥有 200 多个会员田径协会，它们分别在 9 个国际田联地区发展中心的网络式覆盖下开展教练员的培训与管理工作。在新的国际田联三级教练员培训和认证体系中，国际田联一级讲师培训班、二级讲师培训班和国际田联三级教练员培训班在国际田联地区发展中心举办，而国际田联一级教练员培训班和二级教练员培训班由各个会员田径协会自主举办。各个会员田径协会在举办国际田联一级教练员培训班、二级教练员培训班方面都有统一的规范和制度，聘用由国际田联统一培养和认证的培训讲师，采用由国际田联提供的统一的培训教材和课程体系，并按要求进行有统一标准的考核评估。

根据国际田联教育系统数据库的统计结果，9个国际田联地区发展中心每年举办50余次国际田联教练员培训班。同时，对提出举办国际田联一级教练员培训和二级教练员培训申请的会员田径协会，国际田联在各个国际田联地区发展中心的协助下，将为其提供培训讲师、培训教材、培训课程和培训证书等相关资源和帮助。自2007年国际田联实施五级教练员培训和认证体系以来，截至2018年底，9个国际田联地区发展中心及各会员田径协会共举办了1589次国际田联教练员培训班，具体情况见表2-1。

表2-1 2007—2018年国际田联教练员培训班次数

年份/年	2007	2008	2009	2010	2011	2012	2013	2014	2015	2016	2017	2018
次数/次	84	90	86	106	112	133	138	157	161	164	177	181

资料来源：根据国际田联教育系统数据库的统计结果整理。

由统计数据可以看出，国际田联教练员培训班在全球范围内有一定的培训需求量，且该需求量基本呈现逐年递增的趋势。在每年的统计数据中，除了在9个国际田联地区发展中心举办的50余次的国际田联教练员培训班以外，其余的国际田联教练员培训班均为各会员田径协会在向国际田联地区发展中心提出申请并获得批准以后举办的。因此，国际田联教练员培训班举办次数的逐年增加也体现了各会员田径协会培训需求的逐渐增加。

国际田联教练员培训和认证体系的培训需求基本可以概括为以下五个方面：①各个国家和地区，尤其是田径运动发展欠发达地区对符合国际标准的田径教练员培养的需求；②各个国家和地区田径教练员对丰富理论知识、掌握训练方法、提升执教能力和管理能力的需求；③通过培训过程中思想的碰撞，为各个国家和地区田径教练员搭建沟通交流平台的需求；④国际田联要求各个国际田联地区发展中心每年至少举办一次青少年田径教练员讲师培训班，以满足青少年田径运动长期持续发展的需求；⑤国际田联要求各个国际田联地区发展中心每年至少举办一次女性田径教练员培训班，以满足女性田径教练员的发展需求。

第三节 国际田联教练员培训和认证的组织与实施

一、培训的等级划分与时间安排

国际田联于 2016 年开始实施新的三级教练员培训和认证体系，其培训的等级划分与时间安排见表 2-2。

表 2-2 国际田联新三级教练员培训和认证体系的培训等级划分与时间安排

培训等级	一级	二级	三级
名称	青少年田径教练员	田径中级教练员	田径高级教练员
时间	12 天	8 天	8 天
地点	各会员田径协会	各会员田径协会	国际田联地区发展中心

培训等级	一级	二级	三级
目的	培养青少年田径教练员的基本能力	提高田径中级教练员的专项训练理论水平与实践能力	发展以提高运动成绩为导向的高水平田径教练员的专项训练理论水平与实践能力
学员职业	教师、教练员、选材人员	教练员	高水平教练员
准入标准	18岁以上，对田径运动感兴趣	取得一级教练员资格后，执教一年以上	取得二级教练员资格后，执教一年以上
培训内容	所有田径项目	田径六个项类中的一个	田径六个项类中的一个
资格证书	国际田联一级教练员证书	国际田联二级教练员证书	国际田联三级教练员证书

资料来源：国际田联新三级教练员培训和认证体系的相关资料。

　　国际田联新三级教练员培训和认证体系在培训的等级划分、时间、地点、目的、学员职业、准入标准、培训内容、资格证书等方面都做了明确的规定。其中，国际田联一级教练员培训班为青少年田径教练员培训班，培训时间为12天，由各会员田径协会向国际田联地区发展中心提出申请并获得批准后，在各会员田径协会举办，由国际田联地区发展中心推荐已获得一级教练员培训资格的讲师授课；二级教练员培训班为田径中级教练员培训班，培训时间为8天，由各会员田径协会向国际田联地区发展中心提出申请并获得批准后，在各会员田径协会举办，由国际田联地区发展中心推荐已获得二级教练员培训资格的讲师授课；三级教练员培训班为田径高级教练员培训班，培训时间为 8 天，在国际田联地区发展中心举办。

二、培训的学员构成情况

国际田联新三级教练员培训和认证体系对参加培训班的学员人数有明确规定，一般情况下，一级和二级教练员培训班的学员人数为 20~24 人，三级教练员培训班的学员人数为 12~24 人。对学员人数做出这种规定主要基于两个原因：一是学员人数过少不能保证培训班的投入产出效益最大化，二是学员人数过多既无法保证培训班的教学质量，也无法满足在有限的时间内对所有学员依次进行实践课考试和口试等考核工作的要求。

国际田联一级和二级教练员培训班通常由各会员田径协会自主举办。国际田联一级教练员培训班规定，凡是年满 18 岁并对田径运动感兴趣的教师、教练员或选材人员都可以与各会员田径协会联系，报名参加培训班。国际田联二级教练员培训班规定，取得国际田联一级教练员资格以后，持续执教一年以上的教练员可在获得会员田径协会推荐的情况下，报名参加二级教练员培训班。国际田联三级教练员培训班通常在国际田联地区发展中心举办。各会员田径协会根据培训班要求向地区发展中心推荐符合条件的教练员 1~5 人，在通过审核批准以后，确定成为正式学员。国际田联三级教练员培训班规定，取得国际田联二级教练员资格以后，持续执教一年以上的高水平教练员可在获得会员田径协会推荐的情况下，报名参加国际田联三级教练员培训班。

三、培训的课程内容

国际田联新三级教练员培训和认证体系针对三个培训等级，分别设定了详细的课程内容。

（一）国际田联一级教练员培训课程内容

国际田联一级教练员培训课程是专门培养青少年田径教练员的课程，也是国际田联新三级教练员培训和认证体系中具有创新性的重点课程。国际田联在进行全球青少年田径运动现状的研究时发现，许多国家经费投入不足或缺乏专门设施，很少为青少年组织开展田径运动。尽管有些国家为青少年开展了一些田径运动，但这多是为培养"杰出者"而进行的田径运动，由此造成了青少年田径训练的早期专项化问题，严重影响了他们未来的运动生涯。2005 年，国际田联为了满足各个国家和地区中小学校和青少年田径运动发展的实际需要，为 7～15 岁的青少年设计并制订了一项青少年田径运动发展计划，旨在通过快乐、安全的运动方式使青少年在身心健康、社会适应和道德培养等方面受益。

国际田联一级教练员培训课程要求参与培训的教练员不仅要掌握青少年的生理和心理特征、青少年选材、田径运动赛事的组织与实施等内容，而且要重视田径运动所有项目的基本技能教学和训练内容。国际田联一级教练员培训班为青少年田径教练员培训班，培训时间为 12 天，具体的课程内容见表 2-3。

表2-3 国际田联一级教练员培训课程内容

时间	08：15—09：00 （1学时）	09：15—10：00 （1学时）	10：30—11：15 （1学时）	11：30—12：15 （1学时）	14：30—15：15 （1学时）	15：30—17：00 （2学时）
第一天	开班式及课程介绍	青少年发展计划①	执教哲学①	生长与发育①	运动员选材①	青少年田径跑类项目④
第二天	青少年田径跳投项目④	13～15岁运动员发展①	训练原则与适应①	技能教学①	热身与放松活动①	发展速度④
第三天	短跑1④	短跑起跑1④	短跑2/短跑起跑2③	训练计划设计1②	短跑起跑3：教练员洞察力⑤	短跑3：教练员洞察力⑤
第四天	跨栏1④	接力1④	跨栏2/接力2③	跳的基础④	跨栏3：教练员洞察力⑤	接力3：教练员洞察力⑤
第五天	跳远1④	三级跳1④	跳远2/三级跳2③	训练计划设计2②	三级跳3：教练员洞察力⑤	跳远3：教练员洞察力⑤
第六天	跳高1④	撑竿跳1④	跳高2/撑竿跳2③	投的基础④	跳高3：教练员洞察力⑤	撑竿跳3：教练员洞察力⑤
第七天	铅球1④	铁饼1④	铅球2/铁饼2③	训练计划设计3②	铅球3：教练员洞察力⑤	铁饼3：教练员洞察力⑤
第八天	标枪1④	链球1④	标枪2/链球2③	训练计划设计4②	标枪3：教练员洞察力⑤	链球3：教练员洞察力⑤
第九天	中长跑/障碍跑1④	竞走1④	中长跑/障碍跑2/竞走2③	身体素质发展理论1①	中长跑/障碍跑3：教练员洞察力⑤	竞走3：教练员洞察力⑤
第十天	全能项目1④	身体素质训练④	全能项目2③	身体素质发展理论2①	全能项目3：教练员洞察力⑤	发展心理技能①
第十一天	非固定器械力量训练④	灵活性训练④	教练交流技能	健康饮食理念的培养	安全环境的创建	青少年的激励/急救①
第十二天	实践考试				笔试	结业与反馈

资料来源：据国际田联发展部"教育计划——课程大纲"整理。

注：①基础理论课；②训练计划设计课；③专项理论课；④专项实践课；⑤教练员实践课。

从表2-3、图2-1可以看出，国际田联一级教练员培训课程主要包括基础理论课、训练计划设计课、专项理论课、专项实践课和教练员实践课五项内容。在学时分配方面，基础理论课16学时，训练计划设计课4学时，专项理论课8学时，专项实践课26学时，教练员实践课22学时。其中，理论课包括基础理论课、训练计划设计课和专项理论课，约占总学时的37%，实践课包括专项实践课和教练员实践课，约占总学时的63%。

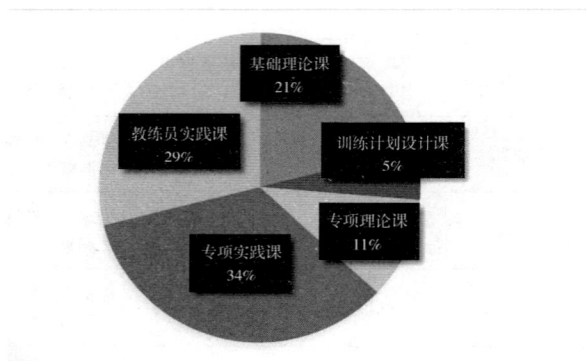

图2-1 国际田联一级教练员培训课程的学时比重

国际田联一级教练员培训课程具备以下特点：①重视实践课的授课安排，实践课学时的占比比理论课学时的占比多出约26%；②实践课一般安排在每天上午的前两节课和下午的两节课，理论课一般安排在每天上午的后两节；③每个田径专项基本在一天内先后安排三次课程，田径项目1是专项实践课，田径项目2是专项理论课，田径项目3是教练员实践课。例如，短跑项目的专项实践课在培训的第三天上午进行，随后进行短跑的专项理论课，下午进行短跑的教练员实践课。需要指出的是，在专项实践课上，国际田联讲师主要向教练员讲授在观察运动员的训练和比赛时，如何对运动员的表现进行系统的分析和评价；而教练员实践课则是由教练员亲自进行执教的实践课程，具体考察教练员的专项执教能力。

（二）国际田联二级教练员培训课程内容

国际田联二级教练员培训课程的目的是发展中等水平田径教练员的专项训练理论水平与实践能力，为满足各会员田径协会对高水平田径教练员的需求奠定坚实的基础。国际田联二级教练员培训课程的时间为 8 天，培训内容由一级教练员培训课程的所有田径项目转变为短跑跨栏、中长跑、竞走、跳跃、投掷和全能中的一个项类。除了每个项类特定的教学内容以外，二级教练员培训课程大纲也包含了能够适用于所有项类的核心教学内容。表 2-4 列出的是国际田联二级教练员培训课程内容。

表 2-4　国际田联二级教练员培训课程内容

时间	08：15—09：00（1 学时）	09：15—10：00（1 学时）	10：30—11：15（1 学时）	11：30—12：15（1 学时）	14：30—15：15（1 学时）	15：30—17：00（2 学时）	19：00—20：30（2 学时）
第一天	开班式及课程介绍	理念①	运动员发展①	功能解剖学①	生物力学①	主动的动态准备活动④	自学
第二天	生理适应性①	成绩决定因素③	训练理论①	大周期和中周期①	专项 1&2 的技术模型③	专项 1&2 的基本技术练习④	自学
第三天	跨步跳④	小周期训练课①	基本项群原则③	测试与监控 1③	小周期训练计划设计 1（一般阶段）②	专项 1 的技术教学训练⑤	小周期训练计划设计 1（一般阶段）②

续表

时间	08：15—09：00（1学时）	09：15—10：00（1学时）	10：30—11：15（1学时）	11：30—12：15（1学时）	14：30—15：15（1学时）	15：30—17：00（2学时）	19：00—20：30（2学时）
第四天	教学进程非固定器械④	训练过程1③	小周期训练计划设计1的反馈（一般阶段）②	专项3&4的技术模型③	专项2的技术教学训练⑤	小周期训练计划设计2（专项阶段）②
第五天	专项3&4的基本技术练习④	训练过程2③	小周期训练计划设计2的反馈（专项阶段）②	专项身体素质训练④	专项3的技术教学训练⑤	小周期训练计划设计3（赛前/中阶段）②
第六天	测试与监控2④	方式与方法	小周期训练计划设计3的反馈（赛前/中阶段）②	损伤预防与再生①	专项4的技术教学训练⑤	小周期训练计划设计4（减量阶段）②
第七天	测试与监控3⑤	交流与成绩	小周期训练计划设计4的反馈（减量阶段）②	比赛技能①	非固定器械力量训练④	自学
第八天	笔试	实践考试			小周期训练计划设计测试	结业式

资料来源：据2015年国际田联发展部"教育计划——课程大纲"整理。

注：①基础理论课；②训练计划设计课；③专项理论课；④专项实践课；⑤教练员实践课。

国际田联二级教练员培训课程的学时比重见图2-2。

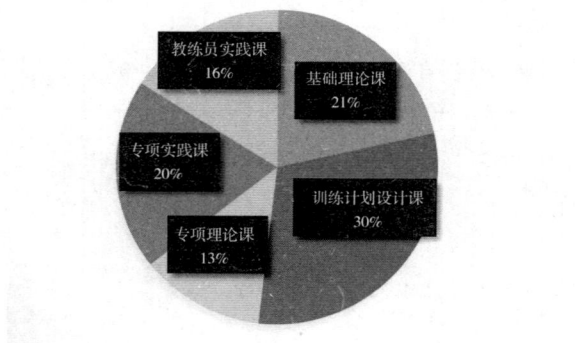

图2-2　国际田联二级教练员培训课程的学时比重

从表 2-4、图 2-2 可以看出，国际田联二级教练员培训课程主要包括基础理论课、训练计划设计课、专项理论课、专项实践课和教练员实践课五项内容。在学时分配方面，基础理论课 12 学时，训练计划设计课 17 学时，专项理论课 7 学时，专项实践课 11 学时，教练员实践课 9 学时。其中，理论课包括基础理论课、训练计划设计课和专项理论课，约占总学时的 64%，实践课包括专项实践课和教练员实践课，约占总学时的 36%。需要注意的是，在理论课中，训练计划设计课占了近一半的比例。

国际田联二级教练员培训课程具有以下特点：①与一级教练员培训课程的学时安排不同，二级教练员培训课程中理论课的学时安排较多，在总课时中的占比比实践课多出 28%；②实践课一般安排在每天上午的第一节课和下午的最后一节课，理论课安排在每天上午的后几节课和下午的第一节课；③重视对教练员小周期训练计划设计能力的全面培养，分别针对不同的训练阶段安排了小周期训练计划设计与反馈课程；④针对训练专项分别先后设计了技术模型、基本技术练习和技术教学训练课程。其中，技术模型课程是专项理论课，基本技术练习课程是专项实践课，技术教学训练课程是教练员实践课。

（三）国际田联三级教练员培训课程内容

国际田联三级教练员培训课程的目的是发展以提高运动成绩为导向的高水平田径教练员的专项训练理论水平与实践能力，培训时间为 8 天。与二级教练员培训课程类似，三级教练员培训课程仍然是针对短跑跨栏、中长跑、竞走、跳跃、投掷和全能中的一个项类，由世界高水平教练员组成的讲师团队为学员提供某一项类高水平的教学指导。表 2-5

列出的是国际田联三级教练员培训课程内容。

表 2-5 国际田联三级教练员培训课程内容

时间	08:15— 09:00 （1学时）	09:15— 10:00 （1学时）	10:30— 11:15 （1学时）	11:30— 12:15 （1学时）	14:30— 15:15 （1学时）	15:30— 17:00 （2学时）	19:00— 20:30 （2学时）
第一天	开班式及课程介绍	顶级运动员的成绩档案①	精英运动员发展①	最佳训练过程①	专项1&2的技术模型③	专项1&2的基本技术练习④	自学
第二天	专项1的技术教学训练1⑤	专项2的技术教学训练1⑤	适应性①	成绩决定因素③	专项3&4的技术模型③	专项3&4的基本技术练习④	自学
第三天	专项3的技术教学训练1⑤	专项4的技术教学训练1⑤	大周期和中周期①	测试与监控1③	小周期方式与方法②	测试与监控2——灵活性⑤	小周期训练计划设计1（一般阶段）②
第四天	专项1的技术教学训练2⑤	再生①	小周期训练计划设计1的反馈（一般阶段）②	力量/反应力量训练③	测试与监控——力量⑤	小周期训练计划设计2（专项阶段）②
第五天	专项2的技术教学训练2⑤	训练文档与资料①	小周期训练计划设计2的反馈（专项阶段）②	速度与速度耐力训练③	测试与监控——速度⑤	小周期训练计划设计3（赛前/中阶段）②
第六天	专项3的技术教学训练2⑤	损伤的预防①	小周期训练计划设计3的反馈（赛前/中阶段）②	耐力训练③	测试与监控——耐力⑤	小周期训练计划设计4（减量阶段）②
第七天	专项4的技术教学训练2⑤	顶级运动员的训练③	小周期训练计划设计4的反馈（减量阶段）②	心理与战术训练③	赛事模拟⑤	自学
第八天	笔试	实践考试			小周期训练计划设计测试		结业式

资料来源：据2015年国际田联发展部"教育计划——课程大纲"整理。

注：①基础理论课；②训练计划设计课；③专项理论课；④专项实践课；⑤教练员实践课。

国际田联三级教练员培训课程的学时比重见图 2-3。

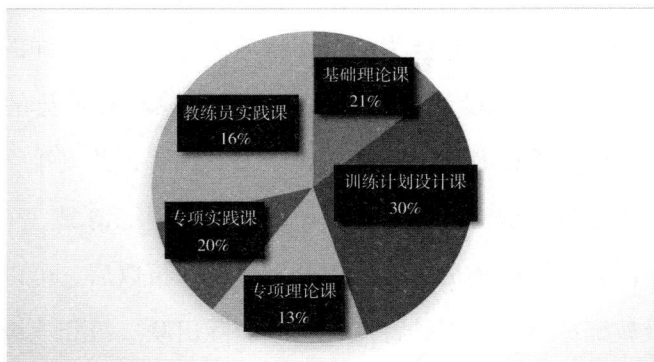

图2-3 国际田联三级教练员培训课程的学时比重

从表 2-5、图 2-3 可以看出，国际田联三级教练员培训课程主要包括基础理论课、训练计划设计课、专项理论课、专项实践课和教练员实践课五项内容。在学时分配方面，基础理论课 8 学时，训练计划设计课 17 学时，专项理论课 9 学时，专项实践课 6 学时，教练员实践课 16 学时。理论课包括基础理论课、训练计划设计课和专项理论课，约占总学时的 60%，其中训练计划设计课占了 30%；实践课包括专项实践课和教练员实践课，约占总学时的 40%。

国际田联三级教练员培训课程具有以下特点：①理论课的学时安排较多，在总课时中的占比比实践课多出 20%；②实践课安排在每天上午的第一节课和下午的最后一节课，理论课安排在每天上午的后几节课和下午的第一节课；③虽然三级教练员培训课程的实践课学时比例与二级教练员培训课程的实践课学时比例相近，但专项实践课的学时比例由约

20%减少到了约11%，教练员实践课的学时比例由约16%增加到了约29%；④与二级教练员培训课程类似，三级教练员培训课程同样重视对教练员小周期训练计划设计能力的全面培养，分别针对不同的训练阶段安排了小周期训练计划设计与反馈课程；⑤重视对教练员的力量、速度、耐力等身体素质以及战术心理层面能力的训练，并安排一系列实践课程测试与监控教练员对各项身体素质的执教与训练情况。

对国际田联各级教练员培训课程分别进行分析以后，可以总结出国际田联各级教练员培训课程的特点：①与国际田联二级和三级教练员培训课程存在的理论课学时比例高于实践课的情况不同，一级教练员培训课程的实践课学时比例（63%）明显大于理论课的学时比例（37%），因为一级教练员培训课程的目的是为即将开始田径教练员生涯的人群提供发展的机会与路径，因此，一级教练员培训课程需要教练员参与所有田径项目的运动实践，并对其实践能力进行全面系统的考核；②在国际田联一级至三级教练员培训课程中，基础理论课的学时安排随着培训等级的上升而逐渐减少，专项理论课的学时安排随着培训等级的上升而逐渐增加，训练计划设计课的学时安排随着培训等级的上升而逐渐增加，这体现了国际田联对教练员小周期训练计划设计的能力的充分重视；③在国际田联一级至三级教练员培训课程中，随着培训等级的上升，为与运动员的发展阶段相对应，国际田联的培训内容也从所有田径项目逐渐过渡到田径六个项类中的一个，以便实现专项化发展。

四、培训的教学方法

在国际田联教练员培训工作中，针对不同类型的课程内容，授课讲师会使用不同的教学方法。

在基础理论课和专项理论课等知识性较强的理论课程的授课过程中，授课讲师主要采用讲授法、问答法、讨论法等以语言传递信息为主的教学方法，采用发现法等以引导启发为主的探究式教学方法，以及演示法等以直接感知为主的教学方法。值得注意的是，因为国际田联教练员培训的授课讲师多为欧洲各国的教授、专家和教练员，所以，他们在教学方法的使用上，倾向于采用以学员为主体的"自主性学习"教学方法，能够灵活地将讲授法、问答法、讨论法、发现法和演示法等教学方法结合在一起进行授课。例如，根据教学目的的需要，有些授课讲师会在课程的开始阶段播放一段训练或比赛的视频，让学员们在观看后针对授课讲师提出的与视频内容相关的具体问题进行讨论和分析，通过典型案例引导学员进行探讨和研究来获得问题的答案，从而达到提高学员的理论思维能力和分析判断能力的目的；有些授课讲师会在课程的开始阶段根据培训课程的专题设置，让所有学员分别介绍各自所在的协会或自身的训练、发展情况，在培训课程中结合自己的训练实践经验对学员提出的问题给予解答。

在训练计划设计课中，授课讲师主要采用小组讨论法和发现法。例如，在国际田联二级和三级教练员培训课程的设置中，有占总学时30%左右的训练计划设计课。在这类课程的安排上，授课讲师通常将学员以3人或4人为一组，随机分为几个小组，学员以小组讨论的形式对授课讲师设定的具体训练目标和内容进行训练计划的设计。讨论和设计训练计划的时间一般为15分钟左右，随后每组派出1名学员对小组设计的训练计划进行展示与说明，其他小组要对展示小组的训练计划提出意见与建议，最后由授课讲师对各小组设计的训练计划给出反馈意见。这类课程的设置将小组讨论法与发现法等以学员为主体的教学方法巧妙地结合在了一起，达到了组织和引导学员通过讨论、展示和反馈等研究性活动获得知识的教学目的。

国际田联教练员培训和认证体系的实践课分为专项实践课和教练员实践课，授课讲师主要采用演示法等以直接感知和实际训练为主的教学方法。教练员实践课是由教练员亲自执教的实践课程，目的是考察教练员的专项执教能力。在教练员实践课上，授课讲师应根据课程目的，要求每位学员依次担任教练员，指导其他学员的训练。根据培训课程的具体情况，授课讲师在课程开始阶段以抽签形式决定每位学员的教学内容，通常1个学时可允许2~3名学员进行教练员实践课展示，指导其他学员进行基本教学与训练。每位学员的展示结束后，首先由其他学员提出建议与意见，最后由授课讲师给出反馈意见。教练员实践课不仅为学员们提供了展示的平台，增加了相互学习和交流训练经验的机会，还丰富了实践课的教学形式。

由此可见，国际田联教练员培训和认证体系在教学方法的选择上，比较注重贯彻以学员为主体、以授课讲师为主导的教学思想，且非常重视教学方法的多样性和灵活性。

五、培训的教材建设

国际田联教练员培训和认证体系针对三个培训等级，分别制定了详细的教材内容。

　　国际田联一级教练员培训班的指定教材是《跑！跳！投！》和《教练理论入门》两本书，这两本书是国际田联专门为教练员培训和认证体系编写的培训教材。《跑！跳！投！》主要在实践教学方面为田径教练员提供以下四个方面的内容：①理解专项教学的要点；②为运动员提供合理的技术模式；③提高教练员分析田径运动技术的能力；④通过活动计划，指导运动员学习和掌握理想技术。① 《教练理论入门》的编写将教练理论融入教练实践，为教练员提供以下四个方面的内容：①理解教练过程的周期特征，以及从计划到实施、总结评价，再到重新计划的循环程序；②认识五项基本教练技能，并在执教过程中应用这些技能；③对运动科学知识的基本认识、实际理解和灵活运用；④训练过程应以运动员为中心，教练员应进行适度引导。② 除了这两本指定教材以外，国际田联还专门为一级教练员培训课程编写了青少年田径运动的教学资料，包括青少年田径运动的专项理论、实践指南、教学卡片和项目比赛等方面的具体介绍，并要求培训讲师在举办一级教练员培训课程期间以刻录光盘的形式将教学资料分发给学员。同时，国际田联也在传统教材的基础上，利用现代多媒体技术为一级教练员培训课程配置了灵活多样的电子教材和课件，培训讲师在使用这套电子教材和课件的基础上，结合自己的实践经验进行授课。

　　国际田联二级和三级教练员培训课程通常针对短跑跨栏、中长

---

① 国际田径运动联合会. 跑！跳！投！［M］. 张英波，孙南，译. 北京：北京体育大学出版社，2009：1.

② 汤普森. 教练理论入门［M］. 张英波，孙南，译. 北京：北京体育大学出版社，2011：2.

跑、竞走、跳跃、投掷和全能六大项类中的一个项类，由经过国际田联认证的讲师团队为学员提供某一项类高水平的教学指导。针对不同的项类和等级，国际田联分别配置了不同的电子课件，并要求讲师团队在使用这套标准课件的基础上，结合自己先进的训练实践经验进行授课。例如，2015 年 11 月，在国际田联地区发展中心·北京举办的国际田联三级中长跑教练员培训课程上，曾培养出中长跑项目世界冠军的著名教练员雷纳托·卡诺瓦（Renato Canora）讲师除了使用国际田联三级中长跑教练员培训课程电子课件外，还为学员们展示了他在培养世界冠军时所使用的训练计划，并结合学员的实际需求帮助他们为运动员制订训练计划、解决训练问题。国际田联发展部于 2015 年完成了二级和三级教练员培训教材《田径训练与动作科学——理论与实践》的编写工作，各个国际田联地区发展中心已顺利完成培训教材的翻译工作。这本培训教材由德国科隆体育大学的专家和教练员团队执笔，约 1000 页。为了顺应田径运动发展的新趋势，结合现代田径运动训练的特点，这本培训教材在内容的编写方面有两个着重点：第一，重视体育科学领域的最新研究成果在田径运动训练实践中的应用；第二，重视对成功教练的训练经验、意见、方法和内容的总结。这本培训教材的问世将会对全世界的田径运动训练实践产生积极作用。

六、培训讲师的选聘

国际田联高度重视培训讲师的规范化培养工作，构建了国际田联教练员培训的讲师资格认证体系。国际田联一级讲师和二级讲师均由国际田联地区发展中心统一进行培训，国际田联一级讲师的培训时间为 6 天，国际田联二级讲师的培训时间为 7 天。国际田联要求每个地区发展中心每年至少举办一次国际田联一级讲师或二级讲师培训班，以达到为各会员田径协会培养足够数量的合格讲师的目的。在举办国际田联一级讲师或二级讲师培训班时，各会员田径协会向国际田联地区发展中心推荐合适的讲师人选，在地区发展中心的审核和批准通过后，这些讲师将统一在地区发展中心进行培训。这样，国际田联不仅为各个会员田径协会提供了培训田径教练员的机会，同时，也为各会员田径协会培训了一批经过国际田联认证的合格讲师，这批讲师可以协助各会员田径协会开展国际田联一级教练员培训班，这也体现了国际田联一直以来希望达成的目标，即"协助别人去帮助他们自己"。

国际田联三级讲师由位于摩纳哥的国际田联发展部统一进行培训，培训时间一般为 7 天，培训对象为高水平田径教练员。由于国际田联三级教练员培训班的授课对象是各会员田径协会推荐的较有发展前途的教练员，因此，国际田联三级教练员培训班的讲师均是国际田联推荐并统一培训的高水平田径教练员。例如，在 2015 年 11 月国际田联地区发展中心·北京举办的国际田联三级中长跑教练员培训班上，讲师是曾培养出中长跑项目世界冠军的著名教练雷纳托·卡诺瓦。

根据国际田联教练员培训和认证体系的讲师制度要求，教练员培训班的讲师人数一般为两人，分别是主任讲师和助理讲师，在某些特殊情况下，教练员培训班可在举办地区选聘某些专业领域的专家进行联合授课。

七、培训的经费来源

国际田联教练员培训和认证体系的经费主要来源于国际田联培训基金、奥林匹克团结基金、会员田径协会培训基金、商业赞助和教练员自付费用等。国际田联教练员培训和认证体系中的培训等级不同，其培训经费的来源也有所不同。

一级和二级教练员培训班通常由各会员田径协会自主举办，经费主要来源于奥林匹克团结基金、会员田径协会培训基金以及教练员自付费用等，也有少数是商业赞助。例如，2015 年 12 月在老挝举办的国际田联一级教练员培训班、2011 年在蒙古和越南举办的国际田联一级教练员培训班的经费均是由奥林匹克团结基金赞助的。但是，由于奥林匹克团结基金的申请周期较长，从申请到批准通常需要一年左右，因此，日本、韩国等国家和中国香港、中国澳门等地区活动经费比较充足的会员田径协会用于举办国际田联一级教练员培训班的经费通常来源于会员田径协会培训基金。随着国际田联教练员培训和认证体系在全球的影响力不断扩大，各国对国际田联教练员等级资格的认可度不断提高，中国香港等地区的会员田径协会也出现了培训费用由教练员自理的现象。例如，2018 年 4 月和 8 月在中国香港举办的两次国际田联一级教练员培训班均是教练员自付费用。同时，少数培训班也出现了由品牌商供应服装等商业赞助现象。

国际田联三级教练员培训班通常在国际田联地区发展中心举办，经费主要来源于国际田联培训基金。国际田联每年给 9 个国际田联地区发展中心划拨一定数额的培训经费，以保障各级教练员培训班的顺利举办。以国际田联地区发展中心·北京为例，它在举办各级教练员培训班时要分别向本地区的各个会员田径协会发出邀请。国际田联要求，每次培训班至少要有 12 名及以上会员田径协会的教练员报名参加才可以确定开班。同时，国际田联培训经费只能负担每个会员田径协会的 1 名教练员的费用，包括食宿费、培训费和交通费等，而同一个会员田径协会的第二位或更多教练员的培训费用需要其自理。国际田联的培训经费政策充分体现了公平原则，为活动经费较少的会员田径协会的教练员提供了宝贵的培训机会。

第四节　国际田联教练员培训和认证的效果评估

培训评估作为衡量培训效果的主要手段，是整个培训体系的一个重要环节。有效的培训评估可以帮助培训管理者发现并改进培训过程中出现的问题，对下一次的培训工作起到积极的借鉴作用。

在世界范围内应用较为广泛的培训评估模式是柯氏四级培训评估模型（Kirkpatrick Model），它是由美国著名学者唐纳德·柯克帕特里克（Donald Kirkpatrick）于 1959 年在其著作《评估培训项目——四级评估》中提出来的。柯氏四级培训评估模型认为，根据评估的深度和难度，被培训者应该从反应层面、学习层面、行为层面和结果层面对培训效果进行评估。其中，反应层面的评估是评估被培训者对培训项目的满意程度，包括对培训讲师、培训资料、培训设施和培训方法等要素的满意程度；学习层面的评估主要是评估被培训者对培训课程所提供的知识和技能的掌握程度；行为层面的评估主要是评估被培训者在培训项目中所学知识的运用程度和技能的转化程度；结果层面的评估是评估培训项目是否为组织带来了效益，具体见表2-6。

表2-6　柯氏四级培训评估模型

评估层次	评估层面	评估重点	评估方法	评估时间
第一层次	反应层面	被培训者喜欢该培训项目吗？包括对培训讲师、培训资料、培训设施和培训方法等要素的满意程度	问卷调查法、访谈法	培训结束
第二层次	学习层面	被培训者对知识和技能的掌握程度	测试、问卷调查法	培训结束
第三层次	行为层面	培训结束后，被培训者在培训项目中所学知识的运用程度和技能的转化程度	观察法、访谈法、问卷调查法	培训结束后3~6个月
第四层次	结果层面	培训项目是否为组织带来了效益	问卷调查法、访谈法	培训结束后6个月以上

柯氏四级培训评估模型的四个评估层次之间的关系是层层递进的关系，在实际操作上具有由易到难的特点。反应层面和学习层面的评估属于较低层次的评估，在培训结束后通过问卷调查和测试等方式即可完成；行为层面和结果层面的评估属于较高层次的评估，它们对被培训者的工作行为和态度转变以及培训项目为组织带来的效益等方面进行评估，一般在培训结束三个月以后通过访谈被培训者进行信息收

集工作，因此，行为层面和结果层面的评估在操作方法上具有一定的难度。大部分培训项目的评估工作仅停留在反应层面和学习层面，并没有深入行为层面和结果层面。事实上，柯氏四级培训评估模型是一个比较理想化的评估模型，因为第三层次和第四层次的评估工作在操作上确实具有一定的难度，对所有培训项目都用柯氏四级培训评估模型进行评估显得有些不切实际，因此，有些专家建议培训管理者应该根据培训的重要性来确定最终的评估层次。

根据柯氏四级培训评估模型，国际田联教练员培训和认证体系的评估工作主要集中于反应层面和学习层面的评估。

一、反应层面的评估

反应层面的评估是柯氏四级培训评估模型的第一层次评估，是通过评估被培训者对培训项目的感受和满意程度来评价培训效果的。反应层面的评估一般在培训结束后进行，主要以问卷调查法、访谈法的形式进行。

国际田联针对教练员培训项目的反应层面评估，分别设计了学员对讲师的评价和学员对课程的评价两份问卷调查表（见表 2-7 和表 2-8），学员要在培训结束前完成填写并上交至培训管理部门。

表 2-7　国际田联教练员培训班学员对讲师的评价表

培训地点_____　讲师姓名_____	
请将您选择的选项数字写在横线上！	
1. 非常同意　2. 比较同意　3. 比较不同意　4. 非常不同意	
讲师的语言难以理解	_____
讲师的授课内容准备充分	_____
讲师没有充分回答学员的问题	_____
讲师按照课程的计划时间授课	_____
讲师的表达很复杂	_____
讲师的实践展示很清楚	_____
讲师平易近人且自信	_____
讲师能激发学员的兴趣并使学员参与讨论	_____
对讲师的其他评价：_____	
感谢您的配合！填表日期 _____	

资料来源：据 2015 年国际田联地区发展中心·北京发展部有关"讲师评价"的资料整理。

　　表 2-7 是参加国际田联教练员培训班的学员对讲师的评价表，国际田联要求参加培训的每位学员对每位讲师分别进行评价，评价表要在培训结束前上交至培训管理部门，由培训管理部门人员存档并进行数据分析，分析结果将作为未来的培训课程是否聘请某位讲师的重要依据。同时，在进行数据分析后，培训管理者要针对学员反映的某位讲师的共性问题，与该讲师进行沟通。培训学员对讲师的评价表，可以帮助培训管理者直观地了解每位讲师的授课特点和问题，并以此作

为未来培训讲师选聘工作的重要参考依据。

表 2-8　国际田联教练员培训班学员对课程的评价表

培训地点＿＿＿＿＿＿ 请将您选择的选项数字写在横线上！ 1. 非常同意　2. 比较同意　3. 比较不同意　4. 非常不同意	
课程的内容安排合适	＿＿＿＿＿＿
讲师和学员之间的气氛融洽	＿＿＿＿＿＿
实践课的设施完善	＿＿＿＿＿＿
授课教室安排合理	＿＿＿＿＿＿
理论课与实践课的比例合理	＿＿＿＿＿＿
理论课内容很难	＿＿＿＿＿＿
课程的教学方法运用适当	＿＿＿＿＿＿
测试能准确反应学员的实际水平	＿＿＿＿＿＿
培训的学员选择适当	＿＿＿＿＿＿
课程的组织工作不充分	＿＿＿＿＿＿
对课程的其他评价：＿＿＿＿＿＿＿＿＿＿＿＿＿＿＿＿＿	
感谢您的配合！填表日期＿＿＿＿＿＿＿＿＿	

资料来源：据 2015 年国际田联地区发展中心·北京发展部有关"课程评价"的资料整理。

　　表 2-8 是参加国际田联教练员培训班的学员对课程的评价表，主要涉及对培训内容、培训设施、培训方法、培训考核和培训的组织管理工作等方面的评估。对这些方面的检测与评估，能够让培训管理者直观地了解学员对培训课程的接受度和满意度，并对学员反映的共性问题进

行研究，以确定培训课程未来的改进方向。

二、学习层面的评估

学习层面的评估是柯氏四级培训评估模型的第二层次评估，也是国内外培训项目较为常用的一种评价方式。学习层面的评估主要是评估被培训者对培训课程所提供的理论知识和技能的掌握程度，一般在培训结束阶段进行，主要以测试和问卷调查的形式进行。

国际田联教练员培训项目的学习层面的评估主要以测试的形式进行。针对不同等级的教练员培训课程，国际田联设定了不同的考核形式。

国际田联一级教练员培训课程的考试包括开卷笔试和实践课考试。笔试和实践课考试的满分均为4分。国际田联规定，培训学员必须取得2分及以上的笔试成绩和3分及以上的实践课考试成绩，才能通过培训考核，并取得相应等级的国际田联教练员培训证书。因为国际田联近几年的教育政策大力提倡在全球范围内培养大量的田径基层教练员，而且低级别的教练员培训课程对学员的考核要求较低，因此，国际田联一级教练员培训课程的考核通过率较高，约为90%。

国际田联二级教练员培训课程和三级教练员培训课程的考试包括开卷笔试、实践课考试和训练计划设计考试。三门考试的满分均为4分。国际田联规定，培训学员必须同时取得2分及以上的笔试成绩、2分及以上的训练计划设计考试成绩和3分及以上的实践课考试成绩，才能通过培训考核，并取得相应等级的国际田联教练员培训证书。需要注意的是，国际田联二级教练员培训课程和三级教练员培训课程的考核增加了训练计划设计考试，要求培训学员根据讲师特别设定的运动员的情况，包括运动员的实际年龄、生理年龄、性别、参加项目、训练年限、最好成绩和训练阶段等参数，针对特定的训练目标设计训练计划。因为这两个级别的教练员培训课程对学员的知识结构、实践技术、执教能力和社交能力等方面都有比较高的要求，因此，国际田联二级教练员培训课程和三级教练员培训课程的考核通过率比一级教练员培训课程要略低一些，约为 80%。

从以上分析可以看出，国际田联非常重视对教练员的实践能力的考核，在不同等级的教练员培训课程的考核中，国际田联均要求学员的实践课考试成绩达到 3 分及以上。事实上，国际田联专门针对实践课考试设计了相应的考核指标，并要求培训班讲师以这些考核指标为标准对学员进行实践课考核，具体内容见表 2-9。

表 2-9　国际田联教练员培训实践课考核指标表

考核指标
训练方法——教练员是否：
1. 将活动安排得具有趣味性
2. 调动运动员的参与积极性
3. 展现以运动员为中心的教学方法
4. 展现高标准的衣着和举止
安全性——教练员是否：
1. 检查环境
2. 检查运动员情况
3. 检查设备
4. 确保运动员始终参与活动

考核指标
组织——教练员是否：
1. 有效地管理运动员
2. 有效地管理设备和空间
3. 根据人数、能力、运动员发展阶段、活动为运动员分组
4. 给运动员分组以确保合适的训练强度
发展技能——教练员是否：
1. 正确运用训练要点
2. 确定运动员的学习阶段
3. 根据学习阶段运用适当的技能
4. 使用正确的练习方式
5. 根据运动员的技能水平调整教学内容
教练的基本能力——教练员是否：
1. 建立和发展与运动员的关系
2. 提供指导和解答疑问
3. 进行有效且准确的示范
4. 展现观察与分析能力
5. 提供准确且有效的反馈
最终成绩

资料来源：据 2015 年国际田联地区发展中心·北京发展部"国际田联教练员培训和认证体系实践评价"相关资料整理。

　　综上所述，国际田联教练员培训和认证体系的评估工作主要集中于反应层面和学习层面的评估。虽然国际田联地区发展中心曾经尝试对教练员培训课程的学员进行行为层面或结果层面的评估，但是，最终因时间、精力和经费等种种因素的限制而无法对培训学员进行继续跟踪，评估工作难以深入推进。因此，国际田联发展部、国际田联地区发展中心和各会员田径协会等各教练员培训管理部门应加强对培训评估工作的重视程度，在以后的国际田联教练员培训评估工作中逐步融入对培训学员的行为层面和结果层面的评估，从而达到完善国际田联教练员培训评估流程体系的目的。

第三章

我国田径教练员岗位培训的发展现状

　　我国田径教练员队伍的知识结构、训练理念、执教能力和综合素质的提高主要依靠教练员培训工作的有序开展来逐步实现。我国田径教练员岗位培训作为田径教练员培训工作的重点和培训体系不可或缺的组成部分，是国内田径教练员进行知识更新、技能升级和能力提高的有效渠道。

　　我国田径教练员岗位培训工作从 1987 年开始进入试点工作阶段，在国家体育运动委员会（现为国家体育总局）科教司的领导下成立田径教练员岗位培训制度研究小组，对田径教练员岗位培训工作的路线、方法和制度进行初步规划；1988 年，第一届田径高级教练员岗位培训试点班分别在北京体育学院（现为北京体育大学）和上海体育学院①举办；1989 年，田径初级和中级教练员岗位培训试点班在部分省市举办，同时该培训制度被逐步推广至各个运动项目；1992 年，田径教练员岗位培训工作开始进入全面推行阶段。随后，我国田径教练员岗位培训工作逐渐步入正轨，成为田径教练员进行继续教育的重要形式之一。

　　然而，经过近 30 年的发展，我国田径教练员岗位培训工作开展的

---

①　2023 年 6 月，经教育部批准，上海体育学院更名为上海体育大学。

效果却不尽如人意。虽然国家致力于开展多种形式的田径教练员培训工作，包括田径专项培训和田径教练员岗位培训，但由于缺乏科学的组织构架、理论指导和管理机制等，目前国内现行的大部分田径教练员培训均难以形成规模和体系，在增强教练员综合素养、创新训练理念、掌握前沿训练理论等方面所发挥的作用一般，培训绩效不能得到很好的转化。由此，自 20 世纪 80 年代末岗位培训工作开展以来，我国在田径教练员岗位培训方面积累了经验，取得了一定实效，同时也暴露出一系列亟待解决的问题。

我国田径教练员岗位培训工作主要由国家体育总局田径运动管理中心（以下简称"田径运动管理中心"）进行统筹管理。田径运动管理中心近几年对田径教练员培训体系采取了一系列新的改进措施。2013年，为了促进我国高水平田径教练员知识体系的更新，提高我国田径高水平教练员的整体素质和执教水平，田径运动管理中心推出了"中国田径高水平教练员训练创新培训工程"计划，并于 2015 年 5 月在上海体育学院正式成立了中国田径协会高水平教练员培训中心，对各省市的高水平田径教练员进行常态化的培训。同时，田径运动管理中心从2009 年开始在全国范围内建立国家田径单项奥林匹克高水平后备人才培养基地，并于 2013 年成立全国田径少年儿童业余训练大联盟，以达到加强我国田径项目后备人才的梯队建设，发掘、培养高水平后备人才和基层田径教练员的目的。针对田径高水平后备人才培养基地和全国田径少年儿童业余训练大联盟的基层教练员，田径运动管理中心每年会以高水平后备人才培养基地训练营和大联盟教练员培训班等形式举办一些田径教练员培训班。

目前我国的田径教练员岗位培训工作还存在着一系列问题。事实上，早在 2002 年，《关于深化教练员岗位培训教学改革，探索建立"能力本位"教学模式的意见》曾明确指出，在培训教学领域，内容、方法、手段及考核等基本上还在沿用传统的教学模式，过分注重学科体系理论的完整性，注重理论和知识的传授，与各运动项目教练员指导训练、指挥竞赛、管理队伍的实际需要联系不紧密，对教练员岗位能力的培养不够重视，难以达到提高教练员综合职业能力的目标。这些问题严重地影响着教练员岗位培训的质量，制约着教练员岗位培训的持续发展。但是，目前的田径教练员岗位培训工作仍然没有摆脱上述问题的困扰，还存在着培训制度和法规体系的建设不完善、培训需求的科学分析不够、各地区培训工作的发展不平衡、培训课程内容安排不合理、培训教材建设严重滞后、培训讲师队伍建设不规范、培训经费投入严重不足和培训效果的评价标准不科学等一系列问题。这也正是田径运动管理中心近几年大力规划和发展中国田径高水平教练员创新培训工程等其他教练员培训体系，逐步弱化教练员岗位培训工作的原因。

根据 1994 年人事部（现为中华人民共和国人力资源和社会保障部）和国家体育运动委员会（现为国家体育总局）联合发布的《体育教练员职务等级标准》的有关规定，在申请各级教练员职务时，教练员必须具有相应的资格证书。我国田径教练员职务包括五个级别，即国家级教练、高级教练、一级教练、二级教练和三级教练，每个级别都存在相应的培训合格证书。其中，初级职务要求取得二级教练和三级教练培训合格证书；中级职务要求取得一级教练培训合格证书；而高级职务则要求取得高级教练和国家级教练培训合格证书。因此，我国的教练员岗位培训工作被赋予了一种强制性的色彩，从制度上要求教练员只有经过岗位培训并取得相应级别的岗位培训合格证书，才能申请更高级别的教练员工作。就现阶段而言，田径教练员的培训理念和传统的强制性培训理念存在较大差异。一方面，田径教练员培训工作必须如期开展，以满足田径教练员职称晋升的需求；另一方面，田径运动管理中心现阶段的教练员培训工作的重心并不在教练员岗位培训工作上，而主管部门的政策和态度势必会影响岗位培训工作的质量。因此，近年来尽管田径教练员岗位培训工作耗费了大量的人力、物力和财力，但一部分田径教练员以及培训讲师都对参与培训的积极性并不高。同时，田径教练员岗位培训工作在实施过程中的诸多问题也会导致越来越多的田径教练员产生为职称晋升而参加岗位培训的功利性思想。

　　从某种意义上来说，我国田径教练员岗位培训体系不完善造成的田径教练员执教能力水平相对落后的问题，是导致我国竞技田径运动水平总体不高的重要原因之一，同时也严重影响了中国竞技田径运动的长期持续发展。

第四章

我国田径教练员岗位培训体系相关的理论研究

第一节 关于教练员岗位培训体系的研究

通过中国知网对 1990—2019 年的相关文献进行检索，结果显示，主题为"体育教练员岗位培训"的研究文献将近 200 篇。在对这些文献进行分析后，笔者将其研究的核心内容划分成以下几种类型。

一、针对教练员岗位培训现状的研究

高立东在《我国教练员岗位培训现状分析》一文中，对教练员岗位培训工作的现状、教练员岗位培训的必要性和教练员岗位培训的限制因素进行了整体分析，并在相关研究的基础上提出，我国初步确立了教练员岗位培训制度，基本形成了相对成熟的教练员岗位培训体系，但还

有很多方面需要完善和加强。①

　　王芬、李佑发对参加国家体育总局干部培训中心举办的国家级教练员岗位培训的 156 名教练员进行了问卷调查，了解了目前国内教练员对知识和技能的整体需求趋势以及教练员胜任力的自评情况，掌握了教练员对岗位培训过程中各要素的评价状况以及教练员对岗位培训效果的评价状况，并相应地提出了一系列建议。②

　　柯教文通过广泛的调查研究，全面探讨了教练员岗位培训工作的开展现状，认为我国目前已建立教练员岗位培训制度与管理体系，岗位培训工作呈现出持续稳定发展的局面。同时，他也在理念认识、制度保障、教材和队伍建设等方面提出了一系列加强教练员岗位培训工作的对策。③

　　虽然目前我国教练员岗位培训制度已经建立，但是，在规范化和制度化层面上还存在进一步完善的空间，教练员岗位培训体系还有待进一步发展。

二、针对教练员岗位培训活动的相关环节的研究

　　赵大林在《教练员岗位培训课程的教学方法》一文中认为，从事教练员岗位培训工作的任课教师在教练员岗位培训教学中所采用的教学方法应与针对全日制在校生的教学方法不同，在教学方法上应该特别注

---

① 高立东．我国教练员岗位培训现状分析［J］．沈阳体育学院学报，2007（5）：113-115.

② 王芬，李佑发．国家级教练员岗位培训的现状调研与对策［J］．北京体育大学学报，2007（10）：1385-1387.

③ 柯教文．全国教练员岗位培训现状与对策研究［J］．中国体育教练员，2000（1）：10-11.

重加强与项目的联系和运用开放式教学方法。①

　　蔡犁、王兴等学者以提升教练员岗位培训水平为课题进行了全面而深入的研究，他们提出，提高教练员的专业知识水平和综合技能水平是教练员岗位培训的关键所在，而实践性和实用性是岗位培训的基本导向，他们还强调学习和培训的常态化和持续性。另外，教学改革的核心在于优化授课方式，检验培训效果的关键是完善考核手段。②

　　王艺兰在调查研究的基础上提出，我国教练员队伍在知识结构方面存在知识范围过窄、领域单一和结构失衡等不足，教练员的培养工作存在一定的问题。她提出在培训中加强陈述性知识学习、提高程序性知识能力和增加默许性知识的建议，并对教练员的有效培养途径以及需要解决的问题进行了深入探讨。③

　　左琼在进行实证分析后提出，教练员岗位培训评估监督机制具有重要价值和意义，有利于提升教练员岗位培训的质量；同时，她全面探讨了教练员岗位培训评估监督人员的选拔过程和方法，并分析了评估监督机制的地位和作用。该学者提出，建立高效客观的教练员岗位培训评估监督机制是改善培训效果的重要方法，有利于促进教练员岗位培训体系的完善和发展。④

---

① 赵大林. 教练员岗位培训课程的教学方法 [J]. 沈阳体育学院学报, 1998（4）: 40-41.

② 蔡犁, 王兴, 侯健, 等. 提高教练员岗位培训教学质量的策略 [J]. 上海体育学院学报, 2002（4）: 12-15.

③ 王艺兰. 我国教练员知识需求、结构与培养策略研究 [J]. 体育与科学, 2010, 31（6）: 81-84, 88.

④ 左琼. 关于建立教练员岗位培训评估监督机制的思考 [J]. 中国体育教练员, 2003（2）: 26-27.

目前，教练员岗位培训工作的相关环节还存在广阔的发展空间和巨大的质量提升潜力，如适应市场经济体制的良性运行机制尚未形成，培训内容和教材建设相对滞后，培训观念亟须更新，授课方式亟待改革，培训讲师资格认证制度尚未建立，培训评估工作有待进一步完善，等等。

三、针对中外教练员岗位培训体系的比较研究

贺新成对中国、日本、英国、德国、澳大利亚、加拿大、美国、马来西亚、尼日利亚、新加坡 10 个国家及中国香港地区的教练员岗位培训模式进行了比较研究，揭示了其内在的共性与差异性，指出了中国在教练员岗位培训制度上的特点和不足，并预测了各国及地区教练员岗位培训体系的发展趋势。[①]

刘洋、王家宏等学者以中国和德国的教练员岗位培训体系为研究课题，在对比分析的基础上指出，两国在培训级别划分、培训资格证的有效期以及继续培训工作的管理等诸多方面都存在差异，建议我国参照德国在教练员岗位培训方面的先进经验，不断提升我国教练员岗位培训体系的合理性和完善度。[②]

成佩等学者以中国和美国教练员岗位培训体系为研究主体，在对比分析的基础上提出，我国在教练员岗位培训方面应紧跟时代发展趋势，

---

① 贺新成．各国及地区教练员岗位培训比较与发展趋势研究 [J]．解放军体育学院学报，2005（2）：52-55.
② 刘洋，王家宏，张宏杰．中德教练员岗位培训体制比较 [J]．体育学刊，2009，16（3）：83-86.

提升制度建设水平，完善教练员岗位培训制度；以市场资源为基础，建立相对完善的岗位培训市场机制；将学历教育引进教练员岗位培训体系，激发教练员的培训积极性；严格执行教练员资格认证和注册制度，并增强管理力度；建立多元化的岗位培训体系，不断丰富培训方式、渠道以及主题；构建以体育教练员为主体的信息共享平台。①

对中外教练员岗位培训体系的比较研究具有一定的理论意义和实践价值。通过对比研究，我们可以直观地看到国内外不同培训体系和制度的优劣，进而借鉴其他国家在教练员岗位培训方面的先进经验，提升我国教练员岗位培训的整体水平，以达到取人之长，补己之短的目的。

第二节　关于田径教练员岗位培训体系的研究

田径教练员岗位培训作为培养我国在职田径教练员人才的重要形式之一，为大量的在职田径教练员提供了接受继续教育，提高自身素质和执教水平的机会。我国田径教练员岗位培训可划分为四个不同层次，即国家级教练员岗位培训、田径高级教练员岗位培训、田径中级教练员岗位培训以及田径初级教练员岗位培训。需要注意的是，国家级教练员岗位培训针对的是全部运动项目的教练员。考虑到国家级教练员岗位培训在培训目标、培训需求和课程内容的设置等方面与本书的研究目的不一致，因此，我们未将其作为本书的研究重点。

① 成佩. 中、美体育教练员岗位培训体系的基本特征及其启示［D］. 武汉：华中师范大学，2013.

在对 1990—2019 年中国知网的相关文献进行检索以后，结果显示，主题为"田径教练员岗位培训"的研究文献将近 70 篇。笔者在进行梳理总结后发现，国内学者关于中国田径教练员岗位培训体系的相关研究主要集中在以下几个方面：

第一，关于田径教练员岗位培训工作现状的研究。赵雯婷、史姜旭在《基于 SWOT 分析的田径教练员岗位培训体系研究》一文中，运用 SWOT 分析法对田径教练员岗位培训体系中存在的优势、劣势、机遇、威胁等方面进行了全面分析，认为该培训体系在课程设计方面不合理，尤其是缺乏讲师资格认证机制以及有效的评估机制等。[①] 柴国荣以田径教练员的创新能力培养为研究视角，在实证分析的基础上指出了我国田径教练员岗位培训体系存在的问题。例如，我国虽然已经基本建立了田径教练员岗位培训体系，但制度化水平较低，尚未达到规范化运行状态，很多田径教练员并没有认真对待岗位培训工作，且该培训工作缺乏和市场经济体制相配套的运行体系；同时，培训资金不足、缺乏专业教材、师资力量薄弱、培训理念落后、培训模式僵化等问题依然亟待解决；不仅如此，我国在田径教练员岗位培训成果评价方面依然缺乏有效的手段和措施。该研究提出，我国应在田径教练员岗位培训方面加强国内外交流，借鉴先进经验。[②]

第二，关于田径教练员岗位培训工作的组织实施环节的研究。柴国荣等学者认为，我国田径高级教练员岗位培训班的培训内容存在着教学

---

① 赵雯婷，史姜旭. 基于 SWOT 分析的田径教练员岗位培训体系研究 [J]. 体育世界（学术版），2018（5）：9-10.

② 柴国荣. 我国田径教练员创新能力培养研究 [D]. 北京：北京体育大学，2006：80-81.

内容重复、理论知识讲授多和实践内容少等一系列问题，且教学内容并未体现创新方面的知识，不利于田径教练员创新能力的培养。① 他们还提出，我国田径高级教练员岗位培训工作在讲师选拔和培养方面依然存在许多问题。讲师队伍建设是保证田径教练员培养质量的关键环节，应该注重创新型讲师的培养和选用，将具有较强理论功底的优秀田径教练员引入讲师团队；同时，在选拔从事田径教练员岗位培训工作的讲师时应坚持公平公正的基本原则，并建立科学合理的竞争机制。②

第三，关于田径教练员岗位培训体系的改革与完善。张俊珍从学习型组织理论的角度出发，认为应构建田径教练员的内在培训体系以转变田径教练员的思想观念，在加强理论学习的同时，提升其执教水平；不断健全和完善田径教练员岗位培训制度，确定清晰的田径教练员岗位培训目标，扩大田径教练员岗位培训需求，提升培训工作的组织能力，建立完善的培训效果评价机制。③ 李继辉深入研究了我国田径教练员岗位培训体系和田径教练员的素质结构之间的内在关联并提出，建立完善的田径教练员岗位培训机制是全面提升田径教练员执教能力的重要保障。田径教练员岗位培训工作应以我国田径运动的可持续发展和田径教练员综合素质的全面提高为战略目标，以科学的田径教练员培训需求为重点，以培训讲师的选聘、培训内容模块的划分和有效的培训形式等组织

① 柴国荣，詹建国. 我国高级田径教练员岗位培训内容选择及对创新能力培养的研究[J]. 西安体育学院学报，2009，26（5）：595-597，606.
② 柴国荣，詹建国. 我国田径高级教练员岗位培训教师现状研究[C]//中国体育科学学会运动训练学分会. 中国体育科学学会运动训练学分会第六届全国田径运动发展研究成果交流会论文集. 成都：中国体育科学学会运动训练学分会第六届全国田径运动发展研究成果交流会，2013：1-5.
③ 张俊珍. 我国田径教练员培训体系研究——基于学习型组织理论[J]. 新西部（理论版），2012（11）：138-139.

与实施的各项细节，以及科学的培训效果评估方案为完善我国田径教练员岗位培训体系与实践研究的核心环节。①

　　笔者对国内关于田径教练员岗位培训体系的研究成果进行归纳总结后发现，这些研究主要存在以下问题：研究多为描述性研究，内容不够深入全面，系统性不足；研究提出的建议和对策往往比较空泛和笼统，研究成果在实际操作层面上可行性不足。目前，我国田径教练员岗位培训体系在培训制度与机制方面，讲师选聘、培训内容、培训形式、授课方式等组织和实施方面以及考核评价体系方面均存在进一步完善的空间。田径教练员岗位培训工作在实施过程中出现的诸多问题势必会影响培训质量和培训效果，耗费大量时间、精力的岗位培训工作无法产生令人满意的培训效益，同时，越来越多的田径教练员产生为职称晋升而参加岗位培训的功利性思想。因此，以田径教练员岗位培训体系的创新性研究作为切入点进行深入研究具有一定的必要性。

第三节　田径教练员岗位培训体系构建的相关基础理论

一、基本概念释义

（一）体系

体系指的是若干有关事物或某些意识互相联系而构成的一个整体。

---

① 李继辉. 我国田径教练员素质结构与岗位培训体系研究［D］. 北京：北京体育大学，2008.

（二）培训体系

"培训"一词是由科学管理之父弗雷德里克·温斯洛·泰勒（Frederick W. Taylor）在其主要著作《科学管理原理》中提出的。随后，国内外多位学者都对这一概念进行了界定。

培训通常包括两个层次，即一般性培训和发展性培训。其中，一般性培训旨在促使业务能力不足的员工提升岗位适应能力，具备解决本职工作相关问题的能力；而发展性培训则以专业人员或者管理人员为培训对象，促使他们在完成本职工作的同时，提升对未来岗位的胜任力。①

姚裕群在《人力资源开发与管理概论》一书中指出，培训是组织通过特定手段，改进被培训者的态度，提升其知识和技能水平的教育活动。②

萧鸣政提出，培训是向特定对象传授相关知识或者技能，以提升岗位胜任力的相关活动。培训的主体通常是企业，培训对象通常为内部员工，培训内容涵盖价值观以及行为规范等，是有组织、有计划、有步骤的针对性训练。③

秦志华在《企业人力资源管理导论》一书中指出，员工培训是指按照企业确立的员工标准，有意识地改进员工的能力和素质。广义的培训认为管理就是培训，一切管理者都是培训者；狭义的培训认为对员工能力和素质采取的专门措施才是培训，其特点在于为提高员工能力和素质状况进行的专门投入。随着企业竞争的加剧，狭义培训的地位越来越

---

① 杨生斌. 培训与开发［M］. 西安：西安交通大学出版社，2006：11-12.
② 姚裕群. 人力资源开发与管理概论［M］. 2版. 北京：高等教育出版社，2005：230.
③ 萧鸣政. 人力资源开发的理论与方法［M］. 北京：高等教育出版社，2004：10-15.

重要，已经成为现代企业人力资源投资的一项主要内容。①

以上几位学者对"培训"这一概念的释义有一些相似点：从目的上看，他们都认为通过有组织和有计划的培训能不断提高被培训者的素质和能力，以实现改善组织效能的目标；从类型和形式上看，他们都认为培训活动通常具有多样性和灵活性，可以根据具体的培训需求进行调整。

"培训体系"是基于特定的培训目标，通过合理地组织培训讲师、教材以及学员三要素，进而形成具有系统性和计划性的指导性文件。通常情况下，培训体系涵盖三方面内容，即培训制度、课程体系以及培训效果体系。

(三)　岗位培训体系

国家教育委员会（现为中华人民共和国教育部）、劳动部和人事部（现为中华人民共和国人力资源和社会保障部）等部门发布的《关于开展岗位培训若干问题的意见》指出，岗位培训是对从业人员按岗位需要在一定政治、文化基础上进行的以提高政治思想水平、工作能力和生产技能为目标的定向培训。培训类型主要包括上岗培训、转岗培训以及晋升培训，或者按照本岗位生产（工作）发展需要而进行的各种适应性培训。本书的田径教练员岗位培训指的是根据岗位规范要求，为满足岗位胜任要求而进行的资格培训。

"岗位培训体系"即按照岗位实际需要，为达到提高从业人员的政治思想水平、工作能力和生产技能的培训目标，合理组织培训要素，从

---

① 秦志华. 企业人力资源管理导论［M］. 北京：清华大学出版社，2014：218-219.

而形成系统化、有计划的指导性文件。本书需要将岗位培训工作与一般培训工作加以区分，岗位培训工作应该从岗位的实际需求出发，贯彻按需施教和学用结合的原则，通俗地说就是干什么学什么、学什么用什么、缺什么补什么，强调培训的针对性、实用性和实效性。

（四）体育教练员岗位培训体系

冯树勇等学者认为，体育教练员岗位培训是提高体育教练员的竞赛指挥能力、团队管理能力以及训练指导能力的教育活动，需要按照运动项目、技术等级等组织安排培训内容，是针对体育教练员的一种继续教育形式。[①]

我国体育教练员岗位培训制度的建立和发展前后经历了三个阶段。1987—1990 年为体育教练员岗位培训制度的初步确立阶段，田径教练员岗位培训项目被作为试点项目；1991—1995 年为体育教练员岗位培训制度的推广和改进阶段，制度的大体框架得到了初步确定；1996 年至今为我国体育教练员岗位培训制度的逐步完善阶段。我国体育教练员岗位培训包括两个层级，即国家级培训和省区市级培训。我国体育教练员岗位培训实践表明，以条块结合为核心的管理体系，可以加深体育教练员培训和体育实践活动的融合，提高竞技体育和群众体育参与者的积极性，是推动体育教练员岗位培训体系深化改革的重要路径。

我国体育教练员岗位培训体系与体育教练员的学历教育、信息服务以及多种类型的短期培训共同形成我国体育教练员培训体系，见表 4-1。

―――――――――

① 冯树勇，李爱东 . 如何做好教练员工作［J］. 体育科学，2002，22（1）：83-85.

表 4-1 我国体育教练员培训体系

类型	体育教练员岗位培训体系	体育教练员的学历教育	信息服务	各类短期培训
类别	初级、中级、高级、国家级	大专生运动训练专业 本科生运动训练专业 硕士生运动训练专业 博士生运动训练专业	报纸、杂志、网络等	专题讲座、学术交流、研讨班、集训训练营等
形式	在职	脱产或在职	在职	在职
目的	提高体育教练员的执教能力和水平、提升业务素质和改进训练方法	提高体育教练员的基本理论、基础知识和基本技能的水平	体育教练员学习掌握最新的理念和知识	提高体育教练员某方面的理论知识水平或了解某专项的前沿动态
意义	根据不同技术职务进行培训，获得合格证后取得职称晋升	按照学校教学计划完成规定课程，考试合格后获得国家认可的学历文凭	学习先进的理念、方法	学习先进的理念、方法，获得培训证书

（五）田径教练员岗位培训体系

笔者认为，田径教练员岗位培训体系是一种根据岗位实际需要，以田径教练员履行岗位职责必备的基础知识和基本技能为主要内容，以提高田径教练员指导训练、管理队伍和指挥竞赛等方面的能力为主要培训目标，将培训讲师、培训学员和培训教材三要素进行合理、有计划、系统的安排而形成的指导性体系。我国田径教练员岗位培训体系的核心内容主要包括：田径教练员岗位培训制度、课程体系、管理制度以及培训效果评估体系。

第五章

我国田径教练员岗位培训的现实诉求

我国田径教练员岗位培训体系不完善造成的田径教练员执教能力水平相对落后的问题，是导致我国竞技田径运动水平整体不高的重要原因之一，同时，这一问题也严重影响了中国竞技田径运动的长期持续发展。鉴于此，对我国田径教练员岗位培训的现状进行深入的分析研究是非常必要的。

第一节　研究方法

一、文献资料法

为了全面深入地了解和掌握国内外关于田径教练员培训的研究成果和前沿动态，笔者通过中国知网查阅了中国学术期刊全文数据库、中国优秀博士和硕士学位论文全文数据库和中国重要会议论文全文数据库等几个重要的数据库，在国家图书馆和北京体育大学图书馆，翻阅了大量与研究相关的管理学、教育学、心理学、统计学和运动训练学等方面的书籍，同时还通过国际田联官方网站和中国田径协会官方网站查阅了许多宝贵的资料。另外，笔者还从国际田联发展部、国家体育总局科教司、田径运动管理中心和国家体育总局干部培训中心等部门了解并获得了田径教练员培训的相关政策文件和统计数据等资料，从而为本书的撰写找到了重要的理论依据和参考资料。

二、问卷调查法

根据本书的研究内容和研究目的，笔者对几位多年从事田径教练员培训工作的专家学者进行了访谈，在遵循问卷设计的基本原则和标准化要求的基础上，初步设计了调查问卷。为保证调查问卷的有效性，笔者先后请北京体育大学的 8 位具有教授职称的学术专家对问卷的结构效度和内容效度进行了评价，并根据他们的意见对调查问卷进行了修改。

调查问卷主要面向参加 2018 年全国田径高级教练员岗位培训班的教练员和北京体育大学具有田径教练员岗位培训工作经验的专家学者发放。其中，参加 2018 年全国田径高级教练员岗位培训班的教练员包括 34 名北京体育大学田赛项目教练员和 56 名上海体育学院径赛和全能项目教练员。向北京体育大学的专家学者发放问卷 12 份，回收 12 份，有效回收率为 100%；向参加 2018 年全国田径高级教练员岗位培训班的教练员发放问卷 90 份，回收 88 份，剔除无效问卷 7 份，有效问卷共计 81 份，有效回收率为 92%。

问卷的信度是指问卷调查所获得数据的可靠程度，反映的是调查结果受到随机误差影响的程度。信度是一个相对概念，反映的是程度上或多或少的问题，没有绝对的有与无。因此，没有一个问卷调查是绝对可靠的，只有调查结果可信程度的高和低。

本书采用重测信度法对调查问卷的信度进行了检验。针对在北京体育大学接受田径高级教练员岗位培训的 35 名教练员，进行了时间间隔一周的两次问卷调查。在调查问卷中，11~20 题、25~26 题、28~30 题和 36~37 题的结果属于顺序型数据，采用 Spearman 等级相关法计算重复测量结果的一致性系数，统计每个问题的一致率，得出此部分问题的测量结果的信度均达到 0.92 以上；21~24 题、27 题和 31~35 题的结果属于名称型数据，采用重复测量结果的一致率计算信度系数，统计每个问题的一致率，得出此部分问题的测量结果的信度均达到 0.84 以上。因此，本研究中调查问卷的结果具有较高的信度。

问卷的效度是指问卷调查选择的测量手段在测量待测属性时的准确程度。本书采用专家调查法对调查问卷的效度进行了检验。笔者先后请北京体育大学的 8 位具有教授职称的专家学者对调查问卷的结构效度和内容效度进行了评价，并根据他们的意见对调查问卷进行了修改。

三、专家访谈法

2017—2018 年，笔者根据访谈提纲对我国田径教练员岗位培训工作的组织管理人员进行了走访和电话访谈，并对参与问卷调查的 2018 年全国田径高级教练员岗位培训班的部分教练员和北京体育大学具有田径教练员岗位培训工作经验的专家学者进行了访谈，了解他们对我国田径教练员岗位培训体系的意见和看法，并认真听取他们的建议和意见。

同时，笔者也对国际田联发展部的部分工作人员和国际田联教练员培训班的外籍讲师进行了访谈，了解他们对国际田联教练员培训和认证体系的意见和看法。

四、实地考察法

根据研究的需要，笔者对2018年全国田径高级教练员岗位培训班的组织实施情况进行了实地考察，充分了解了现阶段田径教练员岗位培训工作的实施现状，以及培训专家和学员对培训工作的意见和看法。

结合以上研究方法，笔者分别对由我国各省市体育局主管的田径中级教练员岗位培训工作和由田径运动管理中心主办的高级教练员岗位培训工作的开展现状进行了问卷调查，将培训战略目标的明确、培训需求的满足程度、课程内容的合理性、教学方法的合理性、教材资料的合理性、设施设备的合理性、师资安排的合理性、经费预算的合理性、组织管理工作的合理性和评估考核工作的合理性10项指标作为评估岗位培训体系发展现状的具体指标，并为各项指标赋予1~5分的分值，1表示非常不同意，2表示比较不同意，3表示一般，4表示比较同意，5表示非常同意，10项指标的总分为50分。根据调研的实际情况，请参与田径教练员岗位培训的教练员组分别对田径中级教练员岗位培训和田径高级教练员岗位培训的情况进行评分，而参与田径高级教练员岗位培训工作的专家组仅对田径高级教练员岗位培训的情况进行评分，评分结果见表5-1。

表 5-1　对我国田径教练员岗位培训工作的评分结果

评分结果/分	田径中级教练员岗位培训		田径高级教练员岗位培训			
	教练员组（$n=81$）		教练员组（$n=81$）		专家组（$n=12$）	
	频数	百分比/%	频数	百分比/%	频数	百分比/%
41~50	13	16.0	32	39.5	1	8.3
31~40	63	77.8	47	58.0	9	75.0
21~30	5	6.2	2	2.5	2	16.7
11~20	0	0	0	0	0	0
1~10	0	0	0	0	0	0

　　对我国田径教练员岗位培训工作的评分结果显示，超过 90% 的教练员的评分结果在 31~50 分的分值区间，这表明教练员组满意或比较满意我国田径教练员岗位培训工作的开展现状。但是，16% 的教练员对田径中级教练员岗位培训工作的评分结果在 41~50 分的分值区间，39.5% 的教练员对田径高级教练员岗位培训工作的评分结果在 41~50 分的分值区间，这说明目前我国田径中级教练员岗位培训工作的质量明显低于田径高级教练员岗位培训工作的质量。同时，在专家组中，对我国田径高级教练员岗位培训工作的开展现状表示非常满意的专家仅占 8.3%，有 16.7% 的专家认为田径高级教练员岗位培训工作的质量一般。造成这一现象的原因或许是担任培训班讲师或管理人员的专家组更加了解田径教练员岗位培训体系的发展现状和存在的问题，因此，他们会用更具批判性的思维对田径高级教练员岗位培训工作进行评分。从教练员组和专家组对我国田径教练员岗位培训工作的评分结果可以看出，岗位

培训工作中部分指标的完成情况并未达到令人满意的程度，岗位培训工作的质量仍然有待进一步提高。

第二节 我国田径教练员岗位培训的战略目标

培训的战略目标是对培训活动预期取得的主要成果的期望值。因为培训活动能够帮助国际体育组织实现战略目标，因此，国际体育组织才会在培训工作中投入大量的人力、物力和财力。教练员岗位培训具有高度的计划性和组织性，旨在提高教练员的理论知识和专业技能的水平，从而最大程度地发挥团队管理效能，提升教练员的竞技指挥能力和训练指导水平，并在提高运动管理绩效的同时，有效挖掘教练员的潜力。[①] 对"田径教练员岗位培训战略目标明确"的同意程度的调查结果见表5-2。

表5-2 对"田径教练员岗位培训战略目标明确"的同意程度的调查结果

同意程度	田径中级教练员岗位培训		田径高级教练员岗位培训			
	教练员组（n=81）		教练员组（n=81）		专家组（n=12）	
	频数	百分比/%	频数	百分比/%	频数	百分比/%
非常同意	19	23.4	31	38.3	4	33.3
比较同意	46	56.8	43	53.1	6	50.0
一般	16	19.8	7	8.6	2	16.7

① 吴东方，汤起宇. 试论我国体育教练员岗位培训工作的可持续发展 ［J］. 武汉体育学院学报，2003（2）：152-155.

续表

同意程度	田径中级教练员 岗位培训		田径高级教练员 岗位培训			
	教练员组（$n=81$）		教练员组（$n=81$）		专家组（$n=12$）	
	频数	百分比/%	频数	百分比/%	频数	百分比/%
比较不同意	0	0	0	0	0	0
非常不同意	0	0	0	0	0	0

表 5-2 显示了调查对象对"田径教练员岗位培训战略目标明确"的同意程度的调查结果。从结果来看，认为田径中级教练员岗位培训的战略目标非常明确和比较明确（即选"非常同意"和"比较同意"）的教练员的比例为 80.2%，认为田径高级教练员岗位培训的战略目标非常明确和比较明确（即选"非常同意"和"比较同意"）的教练员的比例为 91.4%，而认为田径高级教练员岗位培训的战略目标非常明确和比较明确（即选"非常同意"和"比较同意"）的专家的比例为 83.3%。从统计数据可以看出，目前我国田径教练员岗位培训的战略目标设定是比较明确的。

《关于深化教练员岗位培训教学改革，探索建立"能力本位"教学模式的意见》指出，开展教练员岗位培训的基础是根据教练员岗位特征，制定相匹配的培训标准体系，并在此基础上构建能力结构体系，制定岗位培训的教学目标。因此，在分析教练员岗位培训的战略目标之前，应首先明确各级教练员的岗位职责。根据人事部（现为中华人民共和国人力资源和社会保障部）和国家体育运动委员会（现为国家体育总局）于 1994 年颁布的《体育教练员职务等级标准》，体育教练员职务名称为三级教练、二级教练、一级教练、高级教练和国家级教练。三级教练和二级教练为初级职务，一级教练为中级职务，高级教练和国家级教练为高级职务。《体育教练员职务等级标准》对体育教练员的岗位职责有明确的规定，见表5-3。

表5-3 体育教练员的岗位职责

职务等级	岗位职责
初级体育教练员	三级教练：按照训练教学任务的要求，拟定和实施训练计划，协助高等级教练员做好运动员的训练教学工作；基本掌握运动员的选材和训练方法；总结训练教学实践经验，积累技术资料，建立训练业务档案，主动接受高等级教练员的业务指导 二级教练：按照训练教学任务的要求，制订和实施训练教学计划，承担运动员的训练教学和参加比赛的指导工作；培养后备人才；了解本项目发展方向，掌握运动选材和训练方法，及时总结训练教学实践经验，积累技术资料，建立训练业务档案；定期做出训练教学工作总结
中级体育教练员	一级教练：按照体育运动人才成长的规律，制订、实施训练规划和训练计划；承担运动员的训练教学和参加国内外比赛的指导工作；选拔、培养和输送后备人才；及时了解本项目发展动向，结合训练教学实践，进行有关选材和改进训练方法等方面的科学研究，撰写论文
高级体育教练员	高级教练：按照优秀运动人才成长的规律，制订、实施训练规划和训练计划；承担优秀运动员的训练教学和参加国内外重大比赛的指导工作；选拔、培养和输送优秀后备人才；熟悉本项目国内外发展动向，掌握先进的技、战术训练手段、方法，以及科学选材、训练规律；总结培养优秀运动员和优秀后备人才的经验，进行专题研究，撰写科研论文；指导和推动本项目运动技术水平的提高

职务等级	岗位职责
高级体育教练员	国家级教练：按照高水平运动人才成长的规律，负责制订、实施训练规划和训练计划；承担高水平运动员的训练教学和参加国内外重大比赛的指导工作；选拔、培养和输送高质量后备人才；掌握本项目国内外发展动向，先进技、战术和训练方法，以及科学选材、训练规律；总结培养高水平运动员和高质量后备人才的经验，组织并进行专题研究，撰写高质量的科研论文；指导和促进我国运动训练教学和运动技术水平的提高

从表5-3可以看出，不同职务等级的体育教练员的岗位职责有一些共性特点：一是都要求制订和实施训练教学计划，除三级教练协助高等级教练员做好运动员的训练教学工作以外，其他职务等级的教练均需承担运动员的训练教学和参加比赛的指导工作；二是除了三级教练以外，其他职务等级的教练员均要履行培养后备人才或选拔、培养和输送后备人才的岗位职责；三是除了三级教练和二级教练需要建立训练业务档案以外，其他职务等级的教练均要求掌握本项目的发展动向，进行相关的科学研究，撰写论文。

与此同时，不同职务等级的体育教练员的岗位职责也有一些不同点：一是随着职务等级的提高，体育教练员的岗位职责要求也越来越高，体育教练员的培养对象从运动员到优秀运动员再到高水平运动员，从培养后备人才，到选拔、培养和输送后备人才，再到选拔、培养和输送优秀后备人才，最后到选拔、培养和输送高质量后备人才。二是随着职务等级的提高，对体育教练员的科研能力的要求也越来越高，如三级教练和二级教练的岗位职责并未明确要求进行科学研究；一级教练要求进行有关选材和改进训练方法等方面的科学研究，撰写论文；高级教练要求总结培养优秀运动员和优秀后备人才的经验，进行专题研究，撰写科研论文，同时要指导和推动本项目运动技术水平的提高；国家级教练则要求总结培养高水平运动员和高质量后备人才的经验，组织并进行专题研究，撰写高质量的科研论文，同时要指导和促进我国运动训练教学和运动技术水平的提高。

以体育教练员的岗位职责为基本依据，田径教练员岗位培训相关部门分别制订了田径初、中、高级教练员的岗位培训教学计划，并明确了各级田径教练员岗位培训的教学目标：田径初级教练员的培训目标是培养和提高田径教练员的实际工作能力，使其业务水平达到初级体育教练员岗位职责的要求；田径中级教练员的培训目标是进一步提高田径教练员的田径运动训练理论水平及其在训练实践中的运用能力，使田径教练员的业务知识和能力达到中级体育教练员岗位职责的要求；田径高级教练员的培训目标是进一步提高田径教练员的田径专项训练理论水平和实际工作能力，及其在训练实践中发现和解决问题的能力，使田径教练员的业务水平达到高级体育教练员岗位职责的要求。

我国田径教练员岗位培训工作的教学目标主要集中于提高田径教练员的训练水平和业务水平。然而，根据《关于深化教练员岗位培训教学改革，探索建立"能力本位"教学模式的意见》的要求，教练员岗位培训的培训对象是教练员，目标是提升教练员的组织管理能力、赛事指挥能力和训练指导能力，全面树立能力本位的基本理念，培养和社会主义体育事业发展要求相适应的高素质教练员。因此，我国田径教练员岗位培训教学计划中对培训目标的定位并不全面，应该将提高田径教练员的综合职业能力提升到培训的战略目标层面。

　　综上所述，我国田径教练员岗位培训的战略目标应该包括两个方面：一是提高田径教练员指导训练、指挥竞赛和管理队伍等方面的综合能力，提升我国田径事业的发展水平；二是增强田径教练员的综合职业能力，培养与社会主义体育事业发展要求相适应的高素质田径教练员。

第三节　我国田径教练员岗位培训的培训需求

　　培训需求分析是指在组织培训需求调查的基础上，采用全面分析和绩效差距等多种分析方法与技术，对组织及其成员的目标、知识、技能等方面进行系统的鉴别与分析，以确定是否需要培训及培训内容的一种活动或过程。① 全面准确的培训需求分析不仅是开展培训活动的基础，是培训课程设计和组织实施工作的前提，同时也是一个培训活动取得成功的必要条件，在很大程度上决定了培训工作的有效性。对"田径教练员岗位培训能够满足田径教练员的岗位需求"的同意程度的调查结果见表5-4。

---

　　① 李春苗，林泽炎，裴丽芳. 企业培训设计与管理［M］. 广州：广东经济出版社，2002：54-55.

表 5-4　对"田径教练员岗位培训能够满足田径教练员的岗位需求"的
同意程度的调查结果

同意程度	田径中级教练员岗位培训		田径高级教练员岗位培训			
	教练员组（n=81）		教练员组（n=81）		专家组（n=12）	
	频数	百分比/%	频数	百分比/%	频数	百分比/%
非常同意	7	8.7	14	17.3	0	0
比较同意	47	58.0	49	60.5	8	66.7
一般	23	28.4	16	19.7	4	33.3
比较不同意	4	4.9	2	2.5	0	0
非常不同意	0	0	0	0	0	0

　　表 5-4 显示，比较同意和非常同意田径中级和田径高级教练员岗位培训能够满足其岗位需求的教练员分别占 66.7% 和 77.8%。与教练员组调查结果类似，有 66.7% 的专家比较同意田径高级教练员岗位培训能够满足田径教练员的岗位需求。但是，两组调查对象中均有近三分之一的人员对田径教练员岗位培训能否满足田径教练员的培训需求产生了质疑。

　　分析我国田径教练员岗位培训的需求应该着重从组织层面和个人层面来进行。从组织层面来看，田径教练员岗位培训工作的开展是为了满足提高我国竞技田径运动整体水平的需求。田径教练员作为竞技田径运动人力资源的关键构成要素，是推动田径运动事业可持续发展的主导力量。不同职务等级的田径教练员在不同的工作岗位上承担不同的岗位职责，他们相互协作，共同为推动竞技田径运动事业的发展贡献力量。从个人层面来看，田径教练员岗位培训工作的开展是为了满足田径教练员实现个人职业目标以及提升个人综合职业能力的需求，这与田径教练员的职业生涯发展和工作绩效有着直接的联系。具体来说，体育教练员的岗位职责是确定其工作绩效的基础，体育教练员的工作绩效通过工作行为产生，而工作行为的产生的工作绩效又与体育教练员的综合职业能力密切相关。因此，确定我国田径教练员岗位培训需求就要分析我国田径教练员目前的工作绩效与预期的工作绩效之间的差距，并以此作为设计培训课程和组织实施培训工作的参考依据，通过开展培训工作缩小田径教练员实现个人职业目标的能力差距。

但是，将田径教练员目前的工作绩效与预期的工作绩效之间的差距和培训需求简单画等号的观点也是不正确的。托马斯·吉尔伯特（Thomas Gilbert）早在 20 世纪 70 年代就曾指出，揭示绩效差距并不是分析培训需求的终点，它只是发现真实的培训需求的第一步，只有在发现绩效差距之后分析差距形成的根本原因，才能找到真正的培训需求。① 在训练实践中，体育教练员的工作绩效差距形成的原因除了体育教练员自身的能力限制因素以外，还与组织的政策、管理制度和资源支持等其他因素密切相关。例如，从事竞技体育后备人才培养工作的业余体校，近年来到了发展的瓶颈期，无论是在招生工作还是在学生出路或办学经费上均出现了不同程度的困难。因此，部分业余体校的教练员逐渐产生了职业倦怠的心理，影响了其工作的积极性。针对这一问题，只是简单地对他们进行职业道德和师德的培训是无法从根本上解决问题的。因为这一问题背后的成因是现阶段我国业余体校的功能定位和政策制度无法适应社会发展，业余体校的发展过于注重竞技体育后备人才的

---

① GILBERT T F. Praxeonomy: a systematic approach to identifying training needs [J]. Special issue: management of personnel quarterly, 1967, 6（3）: 20-33.

培养，而忽略了培养广大青少年体育爱好者这一社会属性，因此，其职能范围在不断缩小，社会作用在不断弱化，不利于业余体校的长期持续发展。

同时，我国田径教练员岗位培训的组织层面需求与个人层面需求之间也产生了一定的矛盾。业余体校教练员作为我国田径教练员岗位培训工作的学员构成主体，其个人层面的需求除了提升个人综合职业能力以外，还有很重要的一点是实现个人的职业目标，即逐步实现个人职务等级和岗位级别的提升。然而，根据《体育教练员职务等级标准》的要求，各级体育教练员的任职条件都要以所培养的运动员在大赛中取得的成绩为依据。在实现个人职业目标的现实驱动下，大量的业余体校教练员为了让自己培养的青少年运动员在大赛中取得优异的成绩，采用了拔苗助长的早期专项化训练手段，青少年运动员过早地进行大量的专项化训练导致他们出现了严重伤病和运动生涯缩短的现象，这不利于青少年运动员职业生涯的长期持续发展。显然，这一现象的产生与提高竞技田径运动整体水平的组织层面需求相悖，因此，组织层面需求与个人层面需求在这一问题上产生了一定的矛盾。

笔者通过对部分田径教练员、田径相关的专家学者和田径教练员岗位培训管理工作人员的访谈，将他们提出的培训需求进行整理汇总，初步确定了八项出现频率较高的培训需求，并将它们作为田径教练员岗位培训需求的选项，以多选题的形式编制在调查问卷中，调查结果统计情况见图 5-1。

图 5-1 的统计结果显示，教练员组和专家组对不同培训需求的重视程度大体一致，即均比较重视对专业领域的前沿发展动态的了解、专

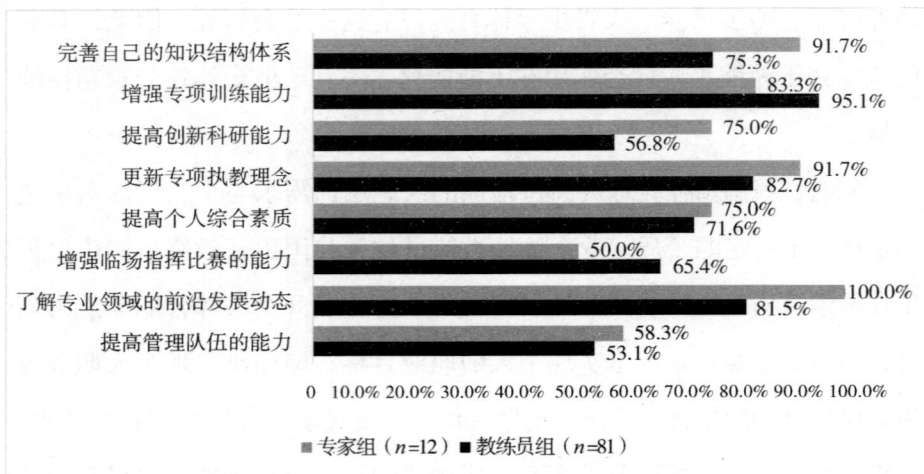

完善自己的知识结构体系　91.7% / 75.3%
增强专项训练能力　83.3% / 95.1%
提高创新科研能力　75.0% / 56.8%
更新专项执教理念　91.7% / 82.7%
提高个人综合素质　75.0% / 71.6%
增强临场指挥比赛的能力　50.0% / 65.4%
了解专业领域的前沿发展动态　100.0% / 81.5%
提高管理队伍的能力　58.3% / 53.1%

0　10.0% 20.0% 30.0% 40.0% 50.0% 60.0% 70.0% 80.0% 90.0% 100.0%

■ 专家组（n=12）　■ 教练员组（n=81）

图 5-1　田径教练员岗位培训需求情况的统计结果

项训练能力的增强、专项执教理念的更新、知识结构体系的完善和个人综合素质的提高等方面。但是，两组调查对象对田径教练员岗位培训需求的评价情况也有差异。专家组更加注重田径教练员通过培训增加对专业领域的前沿发展动态的了解，同时，专家组对田径教练员知识结构体系的完善和对创新科研能力的提高等方面的重视程度也明显高于教练员组；而教练员组更希望田径教练员通过培训增强专项训练能力以及临场指挥比赛的能力等。这些差异说明，担任田径教练员岗位培训讲师或管理人员工作的专家组成员还应进一步了解田径教练员参加岗位培训的实际需求，从而根据田径教练员真实的培训需求选择更有针对性和实用性的教学内容进行授课，以达到真正满足田径教练员培训需求的目的。

我国田径教练员岗位培训需求的调查与分析结果是开展培训工作的重要参考依据，对田径教练员岗位培训工作的组织与实施和培训效果的评估等环节都有一定的指导意义。只有充分重视培训需求的分析工作，准确识别我国田径教练员的培训需求，才能使田径教练员岗位培训工作真正具有针对性和实效性。

第四节 我国田径教练员岗位培训的组织与实施

在明确我国田径教练员岗位培训的战略目标和培训需求的基础上，下文将对田径教练员岗位培训的组织与实施工作进行详细的分析和研究。

一、田径教练员岗位培训的等级划分与要求

根据《体育教练员职务等级标准》的有关规定，三级体育教练员要晋升二级体育教练员，需要取得初级体育教练员岗位培训合格证书；二级体育教练员要晋升一级体育教练员，需要取得中级体育教练员岗位培训合格证书；一级体育教练员要晋升高级体育教练员，需要取得高级体育教练员岗位培训合格证书；高级体育教练员要晋升国家级体育教练员，需要取得国家级体育教练员岗位培训合格证书。目前，我国体育教练员岗位培训工作包括国家级、高级、中级和初级四个等级的培训工作。国家体育总局科教司负责组织、协调全国体育教练员岗位培训工作，举办国家级体育教练员岗位培训班；各运动项目管理中心负责所管运动项目的高级体育教练员岗位培训工作，指导、协调所管运动项目的中级体育教练员岗位培训，根据需要开展所管运动项目的中级体育教练

员培训工作；各省、自治区、直辖市、新疆生产建设兵团体育局负责本地区中级体育教练员岗位培训工作；有关体育院校、训练基地和培训机构负责承办培训工作。根据《体育总局办公厅关于进一步加强教练员岗位培训工作有关事宜的通知》（2017），自 2018 年开始，初级体育教练员岗位培训合格证书，由相关人员参加国家体育总局科教司组织的统一考试的方式获取。

国家级体育教练员岗位培训班由国家体育总局科教司主办，国家体育总局干部培训中心承办，培训对象是所有运动项目的体育教练员，田径教练员只是其中的一小部分。因为国家级体育教练员岗位培训班在培训目标、培训需求和课程内容的设置等方面与本书的研究目的不一致，因此，不作为本书的研究重点。

根据国家体育总局对体育教练员岗位培训工作的最新部署，目前，我国各级体育教练员岗位培训工作的相关要求如下：

初级体育教练员岗位培训合格证书由有关人员以按照考试大纲自学，参加全国统一考试的方式获取。国家体育总局科教司制定考试大纲，提供考试题库，并组织考试。

中级体育教练员岗位培训由各省、自治区、直辖市、新疆生产建设兵团体育局负责组织。培训内容应包括训练理论培训和运动项目专项培训。训练理论培训参考国家体育总局科教司科学训练讲座的要求，运动项目专项培训参考各运动项目管理中心专项培训要求，按单项或项群组织实施。各省、自治区、直辖市、新疆生产建设兵团体育局负责制定中级体育教练员岗位培训大纲，确定考核方式，制订教学计划，培训时间不得少于 40 小时（或 6 天），学员请假不得超过 1 天，学员经考核合格后获得中级体育教练员岗位培训合格证书。

高级体育教练员岗位培训分为训练理论培训和运动项目专项培训两个部分，只有两部分培训都通过，学员才可获得高级体育教练员岗位培训合格证书。两部分培训的合格成绩有效期均为四年。训练理论培训由国家体育总局科教司委托有关体育院校以组织"科学训练讲座"的形式开展，讲座讲授最新的、前沿的科学训练知识和研究成果。科学训练讲座采用集中培训的方式进行，集中培训时间不少于 30 小时（或 5天），学员经考核合格后获得训练理论培训结业证书；运动项目专项培训内容包含专项技术培训及实践。各运动项目管理中心负责制定高级体育教练员岗位培训大纲，确定教材和考核方式，制订教学计划，并上报国家体育总局科教司备案。专项培训采用集中培训的方式，时间不少于30 小时（或 5 天），学员经考核合格后获得专项培训合格证书。

目前，田径高级教练员岗位培训由田径运动管理中心主办，北京体育大学承办并负责田赛项目的高级教练员岗位培训，上海体育学院承办并负责径赛和全能项目的高级教练员岗位培训。为了对各级体育教练员岗位培训班的举办情况进行详细了解，笔者参与了 2018 年北京体育大学举办的田赛项目的高级教练员岗位培训班的组织管理工作，并对该培训班的举办情况进行了全程跟踪调查。同时，通过多种渠道的调查研究，笔者了解到山东、山西、河北、四川、陕西、江西、贵州、安徽、浙江、广东、辽宁和重庆 12 个省、直辖市（以下简称"省市"）的中级体育教练员岗位培训班的举办情况，具体调查结果见表 5-5。

表5-5　各省市中级体育教练员岗位培训班举办情况

省市名称	主办单位	举办次数	培训周期
山东	山东省体育局	一年一次	6天左右
山西	山西省体育局	一年一次	5天左右
河北	河北省体育局	一年一次	5天左右
四川	四川省体育局	一年一次	6天左右
陕西	陕西省体育局	一年一次	6天左右
江西	江西省体育局	一年一次	6天左右
贵州	贵州省体育局	两年一次	5天左右
安徽	安徽省体育局	一年一次	6天左右
浙江	浙江省体育局	一年一次	6天左右
广东	广东省体育局	一年一次	6天左右
辽宁	辽宁省体育局	一年一次	7天左右
重庆	重庆市体育局	一年一次	3天左右

中级体育教练员岗位培训由各省、自治区、直辖市、新疆生产建设兵团体育局负责组织，一般采用集中面授与自学相结合的培训形式。值得注意的是，笔者所调查的各省市中级体育教练员岗位培训班均实行多个运动项目教练员的集中统一培训。例如，2018年安徽省中级体育教练员岗位培训课程为期6天，培训对象是赛艇、皮划艇、射击、田径、游泳、跳水、击剑、体操等14个运动项目的教练员；2018年山西省中级体育教练员岗位培训课程为期5天，培训对象是举重、摔跤、柔道、击剑、自行车、田径、游泳、跳水、空手道、羽毛球和网球等多个运动项目的教练员；2018年重庆市中级体育教练员岗位培训课程为期3天，培训对象为市体育局直属单位、区县业余体校具备初级体育教练员职称

的所有运动项目的在职、在编教练员。

由此可见，各省市中级体育教练员岗位培训班均实行多个运动项目教练员的集中统一培训，且培训周期有差异，培训内容不尽相同。事实上，同一专项培训尚需根据学员的个体差异因材施教、量体裁衣，制订因人而异的培训计划，而多个专项的统一培训能否收到预期效果有待考量。由此推论，目前我国各省市体育局对田径中级教练员岗位培训工作的重视程度有待进一步提高，如本次调研的省市就未严格按照国家体育总局规定的不少于 6 天的培训周期开展培训，且培训工作缺乏统一的规范和标准。

自 1988 年北京体育学院（现为北京体育大学）和上海体育学院举办第一期我国田径高级教练员岗位培训试点班以来，截至 2018 年，共举办了 27 期培训班（其中，1990 年和 1995 年因人数太少未办班，2008 年因举办奥运会未办班），共培训了 2000 余名田径高级教练员。据调查，北京体育大学和上海体育学院均比较重视田径高级教练员的岗位培训工作，能够严格按照高级体育教练员岗位培训教学计划规定的面授时间安排培训班的课程。一般情况下，根据田径运动管理中心的统一安排，田径高级教练员岗位培训工作在每年的 9—12 月分别于北京体育大学和上海体育学院同时进行。其中，田赛项目的高级教练员岗位培训工作由北京体育大学的竞技体育学院和田径教研室具体负责，径赛项目和全能项目的高级教练员岗位培训工作由上海体育学院的体育教育训练学院具体负责。

二、田径教练员岗位培训的学员构成情况

我国田径教练员岗位培训体系对培训班学员的准入标准有明确规定：对报名参加田径高级教练员岗位培训班的学员，要求其年龄在 60 岁以下，具有有效的田径中级教练员岗位培训合格证书，或具有田径中级教练员职称；对报名参加田径中级教练员岗位培训班的学员，要求其具有有效的田径初级教练员岗位培训合格证书，或具有田径初级教练员职称；而报名参加田径初级教练员岗位培训班的学员可以是田径教练员系统内尚未获得初级职称的田径教练员。

为了对培训学员的构成情况进行系统的统计分析，笔者分别对参加 2018 年全国田径高级教练员岗位培训班的教练员（包括 34 名参加北京体育大学田赛项目高级教练员岗位培训的教练员和 56 名参加上海体育学院径赛和全能项目高级教练员岗位培训的教练员）进行了问卷调查和访谈。

向参加 2018 年全国田径高级教练员岗位培训班的教练员发放问卷 90 份，回收 88 份，剔除无效问卷 7 份，有效问卷共计 81 份，参与调查的田径教练员分别来自全国 22 个省、自治区、直辖市的体育运动学校、体育工作队（以下简称"体工队"）和体育学院等工作单位。笔者对 81 份有效问卷进行统计分析，参与调查的田径教练员的年龄结构情况和最高学历结构情况见表 5-6 和表 5-7。

表 5-6 参与调查的田径教练员的年龄结构情况

年龄/岁	35 以下	36~45	46~55	56 以上
人数/人	13	49	17	2
百分比/%	16.0	60.5	21.0	2.5

表 5-7 参与调查的田径教练员的最高学历结构情况

最高学历	专科	本科	硕士研究生
人数/人	9	61	11
百分比/%	11.1	75.3	13.6

在年龄结构方面，参加 2018 年全国田径高级教练员岗位培训班的教练员年龄主要集中在 36~45 岁，占总人数的 60.5%，这表明我国田径教练员的年龄结构配置比较合理，已经形成一支以中青年教练员为骨干力量的教练员队伍，有利于我国田径运动事业的长期持续发展。在最高学历结构方面，拥有本科及以上学历的田径教练员占总人数的 88.9%，这表明我国田径教练员的学历水平比以往有了较大幅度的提高。虽然其中有部分田径教练员是在工作期间通过函授或其他形式的教育获得本科学历的，但他们基本上都经历过较正规的基础教育，并且具有一定的田径理论知识储备。

参加 2018 年全国田径高级教练员岗位培训班的所有教练员都具有作为专业或业余田径运动员进行训练的经历，具体的训练年限和最好技术等级见表5-8和表5-9。

表 5-8　参与调查的田径教练员作为田径运动员的训练年限

训练年限/年	1~5	6~10	11~15	16 以上
人数/人	12	38	20	11
百分比/%	14.8	46.9	24.7	13.6

表 5-9　参与调查的田径教练员作为田径运动员的最好技术等级

等级	国际级运动健将	运动健将	一级运动员	二级运动员	三级运动员
人数/人	12	30	18	19	2
百分比/%	14.8	37.0	22.2	23.5	2.5

从表5-8、表5-9可以看出，参与调查的田径教练员作为专业或业余田径运动员参与训练的年限主要集中于6~15年这一区间，他们占总人数的71.6%。在作为田径运动员进行训练期间，有超过50%的田径教练员达到了田径项目运动健将或国际级运动健将的技术等级标准，这表明参加2018年全国田径高级教练员岗位培训班的教练员大多具有丰富的田径运动员经历和经验，且运动成绩也达到了较高的水准。

教练员作为运动训练活动的主导者，衡量其执教水平的关键性指标是接受教练员指导的运动员的成绩。参与调查的田径教练员所指导的田径运动员的最好技术等级情况见表5-10。

表5-10 参与调查的田径教练员所指导的田径运动员的最好技术等级

等级	国际级运动健将	运动健将	一级运动员	二级运动员	三级运动员
人数/人	5	32	35	9	0
百分比/%	6.2	39.5	43.2	11.1	0

从表5-10可以看出，参与调查的田径教练员所指导的田径运动员的最好技术等级比教练员作为田径运动员的最好技术等级在总体水平上要略高一点。但值得注意的是，获得国际级运动健将技术等级的田径教练员比例为14.8%，明显高于他们所指导的田径运动员获得国际级运动健将技术等级的比例（6.2%），这说明高水平田径教练员在执教过程中将自身的成功经验转化为田径运动员的运动水平的能力还有待进一步提高。在本次调研中，在田径教练员作为田径运动员参与训练的经历对于其成功执教的重要程度这一问题上，有92.6%的田径教练员选择了"比较重要"或"非常重要"这两个选项，这说明我国多数田径教练员具有田径运动员经历的这一现状对田径教练员的成功执教有着积极的促进作用。

三、田径教练员岗位培训的课程内容

我国各级田径教练员岗位培训的课程内容一般包括三个部分，分别是基础理论课、专项理论与实践课、专题讲座。其中，基础理论课主要包括运动生理学、心理学、生物力学和生物化学等基础学科在田径运动中的应用；专项理论与实践课主要包括田径运动各项目的技术分析与教

学、训练方法、训练计划的安排和运动员的选材方法等；专题讲座一般涉及国际田径竞赛等内容。在本次调研中，对"田径教练员岗位培训课程内容合理"的同意程度的调查结果见表5-11。

表5-11 对"田径教练员岗位培训课程内容合理"的同意程度的调查结果

同意程度	田径中级教练员岗位培训		田径高级教练员岗位培训			
	教练员组（n=81）		教练员组（n=81）		专家组（n=12）	
	频数	百分比/%	频数	百分比/%	频数	百分比/%
非常同意	8	9.9	23	28.4	0	0
比较同意	36	44.4	39	48.2	5	41.7
一般	24	29.6	18	22.2	7	58.3
比较不同意	13	16.1	1	1.2	0	0
非常不同意	0	0	0	0	0	0

对"田径教练员岗位培训课程内容合理"的同意程度的调查结果显示，认为田径中级教练员岗位培训和田径高级教练员岗位培训的课程内容一般和比较不合理（即选"一般"和"比较不同意"）的田径教练员的比例分别为45.7%和23.4%，而认为田径高级教练员岗位培训的课程内容非常合理和比较合理（即选"非常同意"和"比较同意"）的专家的比例仅为41.7%。这一统计结果表明，目前我国田径教练员岗位培训的课程内容设置还存在着一定的问题。为了准确找出这些问题，下文分别对各级田径教练员岗位培训的课程内容进行分析与讨论。

（一）田径初级教练员岗位培训的课程内容

根据《体育总局办公厅关于进一步加强教练员岗位培训工作有关

事宜的通知》（2017），初级教练员岗位培训合格证书由有关人员以按照考试大纲内容自学，参加国家体育总局科教司组织的全国统一考试的方式获取。

我国田径初级教练员多为业余体校和体育运动学校的田径教练员，训练对象往往是处于基本动作能力训练关键时期的青少年运动员。未接受统一培训的田径教练员通过未设置专项差异性的全国统一考试即可持证上岗，这一规定是否合理？这种考试形式能否真正考查一位田径教练员是否具备了科学的专项训练理论和训练实践能力？答案也许不是绝对和唯一的，但可以肯定地说，目前我国青少年田径运动员的实际训练情况，迫切需要初级田径教练员具备科学合理的田径专项训练理念和训练实践能力，以解决青少年田径训练早期专项化的现实问题。那么，科学合理的田径专项训练理念和训练实践能力从何而来？田径教练员通过组织日常训练、积累参赛经验、自我学习与相互交流等方式均可获得科学的专项训练理念和训练实践能力，但科学合理的田径初级教练员岗位培训课程应该能提供更有针对性的提升训练能力的方法。

因此，田径初级教练员岗位培训应该重视对青少年训练理论和实践培训课程的开发、设置和实施，根据初级田径教练员的实际岗位需求科学地安排培训课程。

（二）田径中级教练员岗位培训的课程内容

田径中级教练员岗位培训由各省、自治区、直辖市、新疆生产建设兵团体育局负责组织。国家体育总局的政策规定，中级教练员岗位培训的面授时间应不少于 6 天，内容重点是专项训练理论和专项训练方法、手段，各省、自治区、直辖市、新疆生产建设兵团体育局应参考国家体育总局各运动项目管理中心的专项培训要求，按单项或项群组织实施培训。

　　然而，笔者经过多个渠道的调查研究发现，各省、自治区、直辖市、新疆生产建设兵团的田径中级教练员岗位培训存在以下问题：

　　第一，均实行多个运动项目教练员的集中统一培训，而非按照单项或项群组织实施培训。例如，2018 年安徽省中级教练员岗位培训班的培训对象是赛艇、皮划艇、射击、田径、游泳、跳水、击剑、体操等 14 个运动项目的教练员；2018 年山西省中级教练员岗位培训班的培训对象是举重、摔跤、柔道、击剑、自行车、田径、游泳、跳水、空手道、羽毛球和网球等多个运动项目的教练员；2018 年重庆市中级教练员岗位培训班规定，具备培训资格的所有运动项目的体育教练员均可参加。

　　第二，培训周期参差不齐，培训工作缺乏统一规范和标准。各省、自治区、直辖市、新疆生产建设兵团的中级教练员岗位培训一般采用集中面授与自学相结合的培训形式，面授时间多为 3~7 天，部分省市并未严格按照国家体育总局规定的不少于 6 天的培训周期开展培训。

　　第三，培训未突出专项训练理论和专项训练方法、手段，且缺乏统一的规范和标准。笔者在调查和访谈中发现，各省、自治区、直辖市、新疆生产建设兵团的中级教练员岗位培训以传统的课堂理论授课为主，讲师团队主要由体育局领导、高等院校专家和体工队教练员构成。在授课内容方面，各省、自治区、直辖市、新疆生产建设兵团的培训重点均为体能训练理论与方法、运动训练的生理生化监控、运动营养与康复训练、反兴奋剂相关知识等内容。例如，河北省中级教练员岗位培训的课程包括训练计划制订、青少年选材、营养训练、体能训练、训练康复和反兴奋剂知识学习等专题；安徽省中级教练员岗位培训的课程包括教练员职业素养及管理、运动训练计划制订与实施、现代体能训练方法与手段、运动防护及伤病康复、运动训练的生理生化监控、程序化参赛方案设计与实践、反兴奋剂相关知识学习等专题；辽宁省中级教练员岗位培训的课程包括运动训练的生理生化监控、现代体能训练理念与方法、教练员职业发展与能力提升、运动员伤病康复及疲劳恢复训练、赛前最佳竞技状态形成过程的生物学问题等。由此可见，各省、自治区、直辖市、新疆生产建设兵团的中级教练员岗位培训的课程内容均未突出政策要求的专项训练理论和专项训练方法、手段。究其原因，各省、自治区、直辖市、新疆生产建设兵团的中级教练员岗位培训均对多个运动项目的体育教练员在 3~7 天的培训周期内进行集中统一培训，而且与体育教练员实际岗位需求关系密切的专项训练实践课程少之又少，这势必难以突出专项训练理论和专项训练方法、手段。

（三）田径高级教练员岗位培训的课程内容

田径高级教练员岗位培训要求学员准确把握现代田径项目技术的发展特征，了解和掌握现代田径的运动训练理论和训练方法，具备较扎实和较全面的有关运动员竞技能力培养的基础理论知识，以及指导和培训中级和初级田径教练员的教学水平。田径高级教练员岗位培训一般采用集中面授与自学相结合的培训形式，集中面授时间为 10 天左右。

笔者对北京体育大学举办的 2018 年全国田径高级教练员岗位培训班（田赛项目）进行了全程跟踪，该培训班的课程内容与具体安排见表 5-12。

表5-12　2018年全国田径高级教练员岗位培训班（田赛项目）的课程内容

时间	8:30—11:00 （3学时）	14:30—17:00 （3学时）	19:00—20:30 （2学时）
12月3日 （周一）	开班典礼、新规则的变化与专项训练③	关于当前田径训练工作有关问题的认识和建议③	自习
12月4日 （周二）	运动员竞技能力分析理论1②	运动员竞技能力分析实践1②	自习
12月5日 （周三）	人体动作模式发展与表现③	膳食营养与运动能力①	自习
12月6日 （周四）	反兴奋剂形势和法规程序③	青少年训练若干问题③	对现代田径训练的思考③
12月7日 （周五）	专项能力训练方法理论②	专项能力训练方法实践②	自习
12月8日 （周六）	现代训练特点与体能训练要义理论②	现代训练特点与体能训练要义实践②	自习
12月9日 （周日）	休息		
12月10日 （周一）	对田径专项体能和力量训练的思考②	比赛心理调节与心理训练①	自习
12月11日 （周二）	动作技术的运动生物力学分析①	运动损伤的预防与康复①	自习
12月12日 （周三）	运动员竞技能力分析理论2②	运动员竞技能力分析实践2②	结业仪式

注：三部分课程内容分别是①基础理论课；②专项理论与实践课；③专题讲座等其他课程。

从表 5-12 可以看出，2018 年全国田径高级教练员岗位培训班（田赛项目）的课程分别由基础理论课、专项理论与实践课和专题讲座等其他课程三部分构成，总共 56 学时。在学时分配上，基础理论课为 12 学时，专项理论与实践课为 27 学时，专题讲座等其他课程为 17 学时。在教学形式上，经过调查与统计，培训班共安排了 4 次实践课程（每次 3 学时），包括运动员竞技能力分析实践 2 次，专项能力训练方法实践 1 次，以及现代训练特点与体能训练要义实践 1 次。据统计，讲授课与讨论课的学时约占总学时的 79%，实践课学时约占总学时的 21%。

笔者针对我国田径高级教练员岗位培训的课程内容存在的主要问题以多选题的形式进行了问卷调查，统计结果见图 5-2。

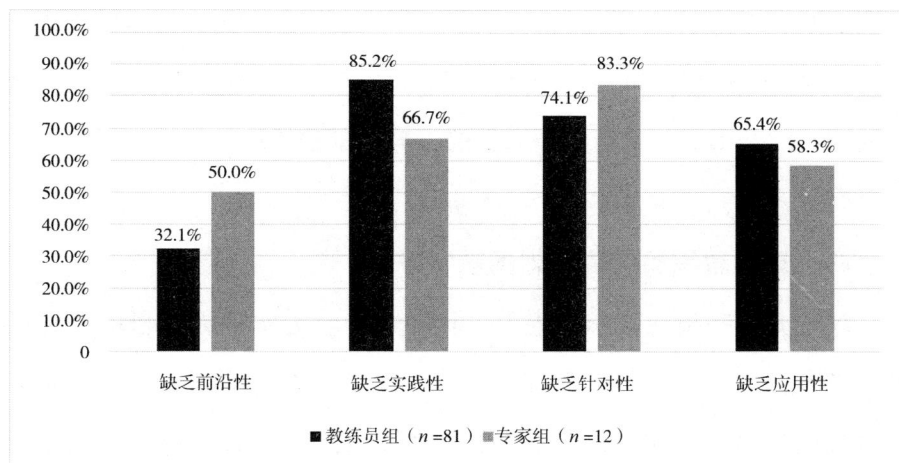

图 5-2　田径高级教练员岗位培训的课程内容存在的主要问题统计结果

统计结果显示，缺乏实践性和针对性是我国田径高级教练员岗位培训的课程内容存在的两个主要问题。同时，超过半数的调查对象认为培训的课程内容还存在缺乏应用性的问题，这或许与培训课程中理论与实践结合得不够紧密有一定的关系。根据教练员岗位培训的相关要求，岗位培训与各类短期培训或学历教育不同，岗位培训重视对教练员指导训练和指挥比赛等实践能力的培养，注重培训的实践性、针对性和应用性。根据"三结合，三突出"的具体要求，岗位培训要将系统性与针对性相结合，突出针对性；将理论与实践相结合，突出实践；将基础与应用相结合，突出应用。同时，《关于深化教练员岗位培训教学改革，探索建立"能力本位"教学模式的意见》建议，因为体育教练员的工作具有较强的实践性，因此，在教练员岗位培训中，要加大"指导训练、管理队伍、指挥竞赛"等实践能力培训课程的比重，原则上，实践课的时长不得少于培训总时长的50%。由此可见，我国田径高级教练员岗位培训在授课内容的选择和教学形式的安排上还有一定的问题，这些问题可能会影响田径高级教练员的培养质量和培训的授课效果。

四、田径教练员岗位培训的教学方法

教学方法是指在教学过程中，教师和学生为实现教学目的、完成教学任务而采取的教与学相互作用的活动方式的总称。[①] 在进行体育教练员岗位培训工作时，教学方法的使用直接关系着岗位培训工作的成败，影响岗位培训效率的高低，它是能否实现体育教练员岗位培训目的和完成体育教练员岗位培训任务的关键。根据体育教练员岗位培训工作的实际教学情况，我们可以把教学方法概括为以下四类：①讲

---

① 李秉德. 教学论 [M]. 北京：人民教育出版社，2001：183.

授法、讨论法和问答法等以教师为主导的、以语言传递信息为主的教学方法；②发现教学法等以引导、启发为主的探究式教学方法；③演示法、参观法等以直接感知为主的教学方法；④实践教学法等以实际训练为主的教学方法。对"田径教练员岗位培训的教学方法合理"的同意程度的调查结果见表5-13。

表 5-13 对"田径教练员岗位培训的教学方法合理"的同意程度的调查结果

同意程度	田径中级教练员岗位培训		田径高级教练员岗位培训			
	教练员组（n=81）		教练员组（n=81）		专家组（n=12）	
	频数	百分比/%	频数	百分比/%	频数	百分比/%
非常同意	4	4.9	9	11.1	0	0
比较同意	39	48.2	45	55.6	5	41.7
一般	33	40.7	21	25.9	7	58.3
比较不同意	5	6.2	6	7.4	0	0
非常不同意	0	0	0	0	0	0

对"田径教练员岗位培训的教学方法合理"的同意程度的调查结果显示，认为田径中级教练员岗位培训和田径高级教练员岗位培训的教学方法一般和比较不合理（即选"一般"和"比较不同意"）的田径教练员的比例分别为46.9%和33.3%，认为田径高级教练员岗位培训的教学方法一般的专家的比例为58.3%。

为了对田径教练员岗位培训班的教学方法进行深入了解，笔者聆听了北京体育大学举办的2018年全国田径高级教练员岗位培训班（田赛项目）的部分课程，并对该培训班的教学过程进行了深入调查。田径高级教练员岗位培训班的课程主要由基础理论课、专项理论与实践课和专题讲座三部分构成，由于专项实践课的学时安排很少，因此，培训课程以知识性较强的理论课为主。在教学方法的使用上，大部分授课讲师采用的是讲授法和讨论法等以讲师为主导的、以语言传递信息为主的教学方法，但授课效果却有区别。在培训课程中，部分讲师对讲授专题有比较深入的研究，他们不仅能够做到理论联系实际、讲授针对性较强的内容，同时，也能针对学员提出的问题进行答疑和研讨。在对部分田径教练员进行访谈的过程中，有些田径教练员表示，其工作内容是在训练过程中发现运动员存在的问题并及时解决这些问题，但有时他们虽然能够发现训练问题，却无法找到行之有效的解决方法，因此，他们希望能在培训课程中找到解决问题的方法。笔者发现，教学内容针对性强且能与学员进行互动答疑的讲师的授课专题，获得的评价高；反之，教学内容理论性较强、针对性较差的讲师的授课专题，获得的评价就相对低一点。

部分讲师在培训课程中使用了以引导、启发为主的探究式教学方法，以及利用人体模特和视频录像等方式进行案例分析的演示教学法等，取得了良好的授课效果。如在"运动损伤的预防与康复"课程中，讲师在课堂上安排了1名有肩伤的标枪运动员作为例子，现场为学员展示运动损伤的诊断方法，并鼓励学员展开讨论，分析该标枪运动员的运动康复策略。在授课过程中，讲师巧妙地将探究式教学法、案例分析法和演示法等多种教学方法紧密地结合了起来，收到了良好的授课效果。

但不可否认的是，田径教练员岗位培训的教学方法仍然存在一定的问题。虽然田径教练员岗位培训教学大纲中设置了采用参观法等以直接感知为主的教学方法授课的"观摩高水平运动员训练"课程，以及采用实践教学法等以实际训练为主的教学方法授课的专项实践课，但在实际授课过程中，这些课程并未按照教学大纲的要求保质保量地完成。在《关于深化教练员岗位培训教学改革，探索建立"能力本位"教学模式的意见》中，国家体育总局教练员岗位培训研究小组指出，在培训教学领域中，教育观念滞后，培训内容、方法、手段及考核等基本还沿用传统的教育模式。这些问题严重影响着教练员岗位培训的质量，制约着教练员岗位培训的持续发展。目前，传统的教育模式所带来的问题仍然存在于教练员岗位培训课程中。蔡犁等人认为，我国高级教练员岗位培训工作仍以传统的课堂讲授的教学方法为主，而注重能力培养的实践与理论相结合的教学方法并未得以很好地实施，未从根本上解决教练员的实际需求。[①] 由于教练员的工作实践性较强，因此，教练员岗位培训工作除了为教练员传授科学训练的理论知识以外，更重要的是对教练员指导训练、指挥竞赛和管理队伍等实践性活动的执教能力的培养，不能仅仅局限于使用传统的教学方法。

五、田径教练员岗位培训的教材建设

培训教材建设工作是教练员岗位培训体系的基础性环节，是教练员培训工作质量的基本保障。目前，我国共出版过两本关于田径教练员岗位培训的教材，第一本是1999年出版的《中国体育教练员岗位培训教材——田径》，第二本是2009年出版的《中国田径教练员岗位培训教

---

① 蔡犁，王兴，丁海荣，等．我国田径高级教练员的培养［J］．上海体育学院学报，2008（3）：83-87.

材》。培训教材的编写组成员主要是北京体育大学和上海体育学院的相关学术专家。据了解，国家体育总局科教司 2013 年又批准了新版田径教练员岗位培训教材的立项工作，田径运动管理中心 2015 年底曾组织相关人员在上海体育学院召开田径教练员岗位培训教材编写组成员会议，商议制定了教材的编写规范和标准。

2009 年出版的《中国田径教练员岗位培训教材》是依据培训的教学大纲编写的，其内容分为中、高级两个层次，各层次的教学内容均以专题的形式进行编写。在内容上，中级部分主要包括田径运动训练计划的制订与训练负荷的安排、田径运动员的选材理论与方法、田径各个运动项目的技术分析与教学和田径各个运动项目的训练方法等专题；高级部分主要包括田径各个运动项目高水平运动员的技术特点与发展趋势、田径各个运动项目现代训练的特点与发展趋势、田径各个运动项目高水平运动员训练安排与参赛能力的培养等专题。各级专题的设置基本与各级教练员岗位培训大纲规定的专项理论与实践课程的专题保持一致，有利于培训课程的实施与开展。对"田径教练员岗位培训的教材合理"的同意程度的调查结果见表 5-14。

表 5-14 对"田径教练员岗位培训的教材合理"的同意程度的调查结果

| 同意程度 | 田径中级教练员岗位培训 | | 田径高级教练员岗位培训 | | | |
| | 教练员组（n=81） | | 教练员组（n=81） | | 专家组（n=12） | |
	频数	百分比/%	频数	百分比/%	频数	百分比/%
非常同意	3	3.7	5	6.2	0	0
比较同意	32	39.5	41	50.6	4	33.3

续表

同意程度	田径中级教练员岗位培训		田径高级教练员岗位培训			
	教练员组（n=81）		教练员组（n=81）		专家组（n=12）	
	频数	百分比/%	频数	百分比/%	频数	百分比/%
一般	28	34.6	22	27.2	7	58.4
比较不同意	18	22.2	13	16.0	1	8.3
非常不同意	0	0	0	0	0	0

表 5-14 显示，认为田径中级教练员岗位培训教材和田径高级教练员岗位培训教材非常合理和比较合理（即选"非常同意"和"比较同意"）的教练员的比例分别为 43.2% 和 56.8%，而认为田径高级教练员岗位培训教材非常合理和比较合理（即选"非常同意"和"比较同意"）的专家的比例仅为 33.3%。笔者针对田径教练员岗位培训教材存在的问题以多选题的形式进行了调查，统计结果见图 5-3。

图 5-3 显示，缺乏实用性、针对性和前沿性是我国田径教练员岗位培训教材存在的三个主要问题。其中，教练员组认为缺乏实用性是培训教材存在的首要问题，而专家组认为缺乏前沿性是培训教材存在的首要问题。从结果可以看出，目前，我国田径教练员岗位培训教材还无法满足"能力本位"教学模式的要求，与田径教练员的实际需求还有一定的差距。体育教练员岗位培训教材的主要作用是为体育教练员提供科学的运动训练的方法，因此，培训教材的内容应该以培养体育教练员的执教能力为主，避免和普通学科教材的内容雷同，以激发体育教练员的学习兴趣。目前，田径运动管理中心组织的新一轮田径教练员岗位培训

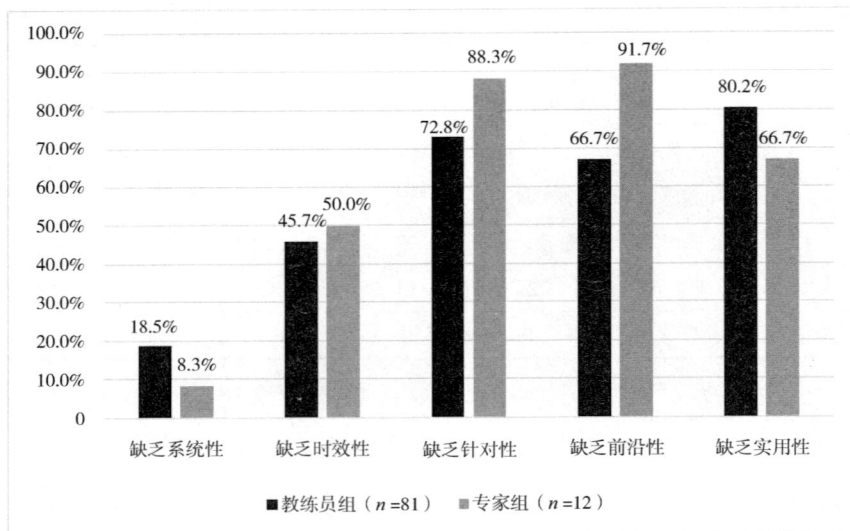

图 5-3　田径教练员岗位培训教材存在的问题统计结果

教材编写工作尚在进行中。

六、田径教练员岗位培训的讲师选聘现状

讲师队伍是保证体育教练员岗位培训工作质量，实现教学改革目标的关键性因素。我国体育教练员岗位培训工作需要一支既有丰富的运动训练竞赛经验，又有深厚理论基础的讲师队伍。我国目前的体育教练员岗位培训需要组建一支由教练员、科研人员、院校教师和管理干部"四结合"的讲师队伍。笔者针对"田径教练员岗位培训的讲师队伍安排合理"的同意程度对田径教练员和专家进行了问卷调查，调查结果见表 5-15。

表5-15 对"田径教练员岗位培训的讲师队伍安排合理"的同意程度的调查结果

同意程度	田径中级教练员岗位培训		田径高级教练员岗位培训			
	教练员组（n=81）		教练员组（n=81）		专家组（n=12）	
	频数	百分比/%	频数	百分比/%	频数	百分比/%
非常同意	8	9.9	17	21.0	0	0
比较同意	35	43.2	46	56.8	3	25.0
一般	23	28.4	16	19.8	5	41.7
比较不同意	15	18.5	2	2.4	4	33.3
非常不同意	0	0	0	0	0	0

表5-15显示，分别有近50%和超过20%的田径教练员认为田径中级教练员岗位培训和田径高级教练员岗位培训讲师的安排一般和比较不合理（即选"一般"和"比较不同意"），高达75%的专家认为田径高级教练员岗位培训的讲师安排一般和比较不合理（即选"一般"和"比较不同意"）。

在调研过程中，笔者发现，虽然目前我国各级田径教练员岗位培训的讲师队伍构成基本符合相关政策文件的要求，主要由院校教师、管理干部、教练员和科研人员等构成，但是，讲师队伍的建设确实又存在着不少的问题。笔者对部分田径教练员和专家进行了访谈，将讲师队伍建设工作存在的问题归纳为以下三点：第一，讲师队伍的建设不规范。在访谈中，有一位曾多次担任岗位培训讲师的专家表示，他几年前在作为某省的田径中级教练员岗位培训讲师进行授课时，遇到了令人尴尬的情况。在培训班开班前的准备工作中，培训组织方通知该培训讲师主要负责跳跃项群的教学工作，但是，在开班的前一天培训组织方却告知他，跑类项群和投掷项群的两位讲师因其他原因无法到场进行授课，希望该培训讲师能负责所有项群的教学工作。尽管该培训讲师按照培训组织方的临时要求，承担了所有项群的教学工作，但由于他事先没有针对跑类项群和投掷项群进行教学准备工作，且该培训讲师平时的教研和训练方向均以跳跃项群为主，因此，授课效果可想而知。第二，讲师队伍的能力水平无统一标准。我国田径高级教练员岗位培训的讲师队伍主要由北京体育大学和上海体育学院的专家教授组成，讲师队伍在能力水平方面达到了较高的标准。但是，各省、自治区、直辖市、新疆生产建设兵团田径中级教练员岗位培训的讲师队伍的能力水平则参差不齐，比较重视岗位培训工作的省市会投入较多的人力、物力和财力以组建教学水平相对较高的讲师队伍，而不太重视岗位培训工作的省市可能由于投入较少等因素，其配备的讲师队伍的能力水平也相对较低一些。第三，讲师队伍中不同类别人员的比例失调。尽管田径教练员岗位培训的讲师队伍主要由教练员、科研人员、院校教师和管理干部组成，但讲师队伍的建设普遍存在较少聘用优秀田径教练员作为授课讲师的问题。以北京体育大学举办的 2018 年全国田径高级教练员岗位培训班（田赛项目）为例，在 13 位授课讲师中，仅有 2 位是作为田径教练员带队进行训练的讲师。因此，田径教练员岗位培训讲师队伍中缺乏优秀田径教练员这一群体的问题客观存在，在实践性教学方面难以满足学员的实际需求。

笔者针对我国田径教练员岗位培训讲师队伍存在的主要问题以多选题的形式对田径教练员和专家进行了问卷调查，统计结果见图 5-4。

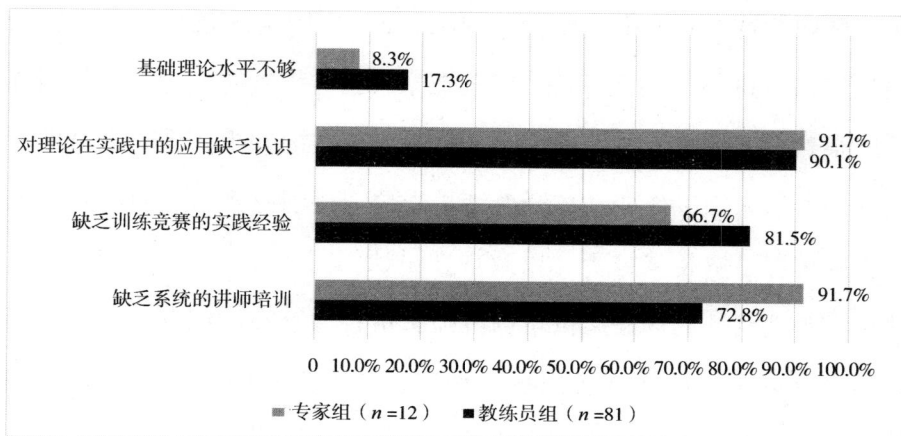

图5-4 田径教练员岗位培训讲师队伍存在的主要问题统计结果

统计结果显示，我国田径教练员岗位培训讲师队伍存在的主要问题为对理论在实践中的应用缺乏认识、缺乏系统的讲师培训和缺乏训练竞赛的实践经验。专家组和教练员组普遍认为岗位培训讲师的基础理论水平基本达到了授课标准。值得一提的是，作为岗位培训讲师和管理人员且参与调查的专家组成员普遍认为缺乏系统的讲师培训是讲师队伍存在的主要问题，本书将在后续章节对讲师资格培训制度进行探讨。

在对参加北京体育大学举办的2018年全国田径高级教练员岗位培训班（田赛项目）的学员进行访谈的过程中，一部分学员，尤其是来自体工队的一线田径教练员普遍反映专项理论与实践课中的实践性教学内容过少，且部分专项理论课的内容缺乏在实践中的应用和检验。田径高级教练员岗位培训的专项理论与实践课主要由北京体育大学和上海体育学院的田径教研室的教师讲授，这些教师具备多年的田径教学经验和丰富的理论知识，但普遍对田径训练一线的情况了解不多。柴国荣曾在研究中指出，"一位曾经是我国优秀教练员后来担任岗位培训（讲师）的教师说，以前在亲临指导训练时，对一线的训练情况很熟悉，在教练员培训中能拿出货真价实的知识，受到学员的普遍欢迎。后来因工作变动离开教练员岗位，逐渐感到自己对一线训练的实际情况了解越来越少，以致现在讲课深感力不从心。"① 事实上，这位讲师遇到的问题是岗位培训讲师队伍普遍存在的问题。由于培训讲师自身不在田径教练员岗位上任职，缺乏丰富的一线带队训练经验，因此，培训讲师无法准确地了解学员在实际岗位上带队训练时存在的主要问题，也难以满足学员解决实际训练问题的需求。

同时，我国田径教练员岗位培训讲师队伍的建设不是很注重对从事一线训练的、任职于田径教练员岗位的优秀教练员群体的培养与发展，这个问题应该引起培训管理人员的重视。具有丰富训练实践经验的优秀教练员最有可能满足培训学员迫切的解决实际训练问题的需求，而这正是岗位培训工作按需施教原则的基本要求。事实上，在一线教练员的讲师队伍建设上，北京体育大学举办的全国田径高级教练员岗位培训班（田赛项目）曾于2014年聘请德国著名投掷教练员卡尔·海因茨（Karl Heinz）担任授课讲师，该讲师受到了培训学员的广泛好评。但是，聘请外教往往需要支付交通费和食宿费等费用，因此，在培训经费有限的现实压力下，培训组织管理方聘用国外著名教练员显得尤为困难。

---

① 柴国荣, 詹建国. 我国田径高级教练员岗位培训教师现状研究［C］//中国体育科学学会运动训练学分会. 中国体育科学学会运动训练学分会第六届全国田径运动发展研究成果交流会论文集. 成都：中国体育科学学会运动训练学分会第六届全国田径运动发展研究成果交流会，2013：1-5.

七、田径教练员岗位培训的经费现状

经费保障作为开展体育教练员岗位培训工作的物质基础，直接影响着培训工作的实施质量。近年来，我国田径教练员岗位培训经费的相关问题虽然有所改善，但投入不足的问题一直未从根本上解决。

我国田径教练员岗位培训工作的经费主要有以下几个来源：国家体育总局或各省、自治区、直辖市、新疆生产建设兵团体育局的资金支持、教练员工作单位承担部分经费，以及教练员个人承担部分经费等。据调查，一般情况下，田径中级教练员岗位培训的培训费和食宿费等费用主要由各省、自治区、直辖市、新疆生产建设兵团体育局或教练员工作单位负担；田径高级教练员岗位培训的部分费用来源于国家体育总局的资金支持，同时，培训学员需交纳一定的学杂费，并自理培训期间的食宿费和往返交通费等费用。培训学员交纳的学杂费主要用于支付专家讲课费和论文评审费等培训费用。对"田径教练员岗位培训经费预算合理"的同意程度的调查结果见表5-16。

表5-16 对"田径教练员岗位培训经费预算合理"的同意程度的调查结果

同意程度	田径中级教练员岗位培训		田径高级教练员岗位培训			
	教练员组（$n=81$）		教练员组（$n=81$）		专家组（$n=12$）	
	频数	百分比/%	频数	百分比/%	频数	百分比/%
非常同意	18	22.2	16	19.6	0	0
比较同意	44	54.3	34	42.1	6	50.0
一般	17	21.0	26	32.1	6	50.0

续表

同意程度	田径中级教练员岗位培训		田径高级教练员岗位培训			
	教练员组（n=81）		教练员组（n=81）		专家组（n=12）	
	频数	百分比/%	频数	百分比/%	频数	百分比/%
比较不同意	2	2.5	5	6.2	0	0
非常不同意	0	0	0	0	0	0

　　表 5-16 显示，认为田径中级教练员岗位培训的经费预算非常合理和比较合理（即选"非常同意"和"比较同意"）的教练员的比例为76.5%，认为田径高级教练员岗位培训的经费预算非常合理和比较合理（即选"非常同意"和"比较同意"）的教练员的比例为61.7%，而认为田径高级教练员岗位培训的经费预算非常合理和比较合理（即选"非常同意"和"比较同意"）的专家的比例为50.0%。统计数据表明，与田径中级教练员岗位培训相比，认为田径高级教练员岗位培训的经费预算一般和比较不合理（即选"一般"和"比较不同意"）的教练员的比例要略高一些，这种现象或许是田径高级教练员岗位培训要求学员负担一定的学杂费和食宿费等费用造成的。

　　在对田径高级教练员岗位培训管理人员的访谈中，笔者了解到，田径高级教练员岗位培训目前还存在着经费投入不足的问题，最直接的体现就是无法聘请国内外著名的基础学科理论专家和一线教练员。田径高级教练员岗位培训规定的课时费明显低于专家和教练员在市场上的讲课费用，同时，专家和教练员的日程安排往往比较紧凑，有时还面临着为其支付往返交通费、住宿费和外教翻译费等问题。

图5-5反映了我国田径教练员岗位培训经费的来源情况。与培训工作经费来源的实际情况相似，体育局拨款和教练员工作单位承担部分经费的形式是调查对象普遍认同的经费来源形式。值得一提的是，有超过一半的调查对象认为岗位培训的经费来源可以采用商业赞助的形式。

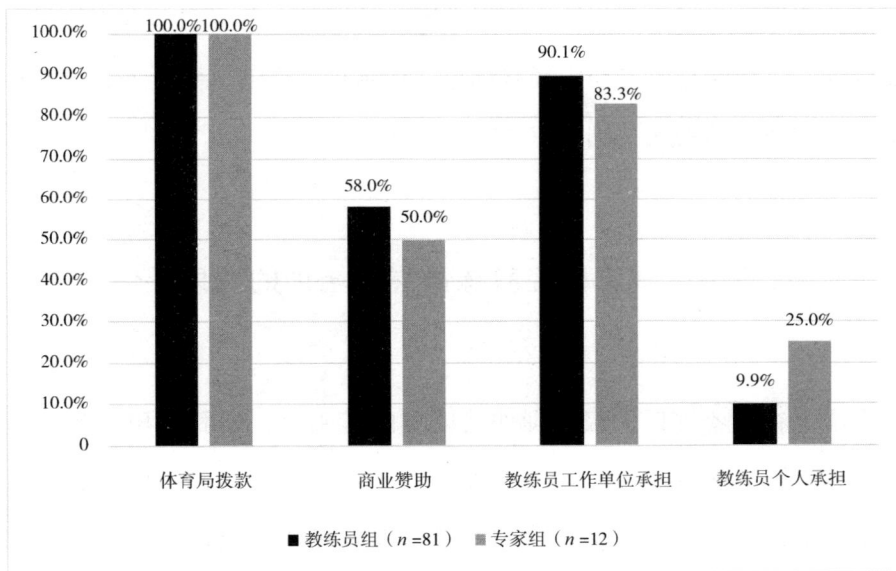

图5-5 我国田径教练员岗位培训经费的来源情况

然而，目前我国田径教练员岗位培训的经费来源渠道并不涉及任何商业赞助形式。据了解，美国的教练员培训工作并不具有政府属性，而是在商业化市场运作的机制下蓬勃有序地发展。这种通过商业化市场运作的培训形式有利于培训课程体系的完善、讲师队伍教学水平的提升和培训组织管理工作的有效开展。因此，建议我国建立与社会主义市场经济体制相适应的教练员岗位培训体制与运行机制。① 商业化市场运作的培训活动或许是未来的发展趋势。

　　因此，我国未来的田径教练员岗位培训在经费筹措工作中应该积极拓展新的思路，建立田径教练员岗位培训的社会主义市场机制。充分利用社会资源和市场竞争规律，积极鼓励和争取社会各界对培训工作的商业赞助，这样能有效推动田径教练员岗位培训工作的顺利开展，为培训工作提供坚实的物质基础，提高培训工作的质量。

第五节　我国田径教练员岗位培训的效果评估

　　本书在借鉴柯氏四级培训评估模型的基础上，对我国田径教练员岗位培训的效果评估进行研究。在研究整理后发现，我国田径教练员岗位培训的评估工作只涉及学习层面，即柯氏四级培训评估模型的第二层次的评估，这也是国内外培训项目较为常用的一种评价方式。学习层面的评估主要是评估被培训者对培训课程所提供的理论知识和技能的掌握程度，一般在培训结束阶段进行，主要以测试和问卷调查的形式进行。

　　我国田径教练员岗位培训的学习层面的评估工作主要以测试的形式进行。据调查，各省、自治区、直辖市、新疆生产建设兵团田径中

---

① 　左琼. 中国体育教练员岗位培训：现状、问题与趋势 ［C］//中国体育科学学会. 中华人民共和国第十届运动会科学大会论文摘要汇编. 南京：中华人民共和国第十届运动会科学大会，2005：19.

级教练员岗位培训班的考核方式一般以作业、笔试和论文答辩的形式为主，少数省市采用实践课考试或口试等考核方式。各省、自治区、直辖市、新疆生产建设兵团的培训考核工作并无统一的规范和标准。在考核通过率方面，一般情况下，考勤合格的培训学员基本都能通过岗位培训获得培训合格证书。我国田径高级教练员岗位培训班的考核方式主要有自学作业、课后作业和论文答辩等形式。根据培训的相关要求，参加田径高级教练员岗位培训的学员要在面授课报到时上交自学阶段的读书笔记、个人执教专项的训练计划以及一篇科研论文等作业，这些自学作业的评分占考核总评分的40%。在面授阶段，根据各门课程讲师的具体要求，参加田径高级教练员岗位培训的学员需要完成一系列课后作业，并由讲师评分。在面授阶段的中后期，参加田径高级教练员岗位培训的学员统一进行论文答辩，并由专家评审进行评分。在考核通过率方面，亦如田径中级教练员岗位培训，考勤合格即可获得培训合格证书。对"田径教练员岗位培训评估考核体系完善"的同意程度的调查结果见表5-17。

表5-17　对"田径教练员岗位培训评估考核体系完善"的同意程度的调查结果

同意程度	田径中级教练员岗位培训		田径高级教练员岗位培训			
	教练员组（n=81）		教练员组（n=81）		专家组（n=12）	
	频数	百分比/%	频数	百分比/%	频数	百分比/%
非常同意	17	21.0	20	24.7	0	0
比较同意	38	46.9	39	48.2	4	33.3
一般	24	29.6	21	25.9	7	58.4
比较不同意	2	2.5	1	1.2	1	8.3
非常不同意	0	0	0	0	0	0

　　表 5-17 显示，认为田径中级教练员岗位培训的评估考核体系非常完善和比较完善（即选"非常同意"和"比较同意"）的教练员的比例为 67.9%，认为田径高级教练员岗位培训的评估考核体系非常完善和比较完善（即选"非常同意"和"比较同意"）的教练员的比例为 72.9%，而认为田径高级教练员岗位培训的评估考核体系非常完善和比较完善（即选"非常同意"和"比较同意"）的专家的比例仅为 33.3%。从统计结果可以看出，认为田径高级教练员岗位培训的评估考核体系比较完善的专家组的比例低于教练员组的比例，造成这一现象的原因或许是田径教练员从自身利益出发，希望维持简单的评估考核体系和高通过率的培训现状。

第六章

我国田径教练员岗位培训的 SWOT 分析

　　SWOT 分析这一概念是由美国旧金山大学的管理学教授海因茨·韦里克（Heinz Weihrich）于 20 世纪 80 年代初提出的。SWOT 分析是对研究对象四个方面的因素，即优势（Strength）、劣势（Weakness）、机遇（Opportunity）和威胁（Threat）进行全面分析。从整体层面来看，SWOT 可分为"SW"和"OT"两个部分。其中，"SW"主要分析内部条件因素，着眼于研究对象的自身优势与劣势；"OT"主要分析外部环境因素，强调外部环境的变化为研究对象带来的机遇与威胁。

　　我国田径教练员岗位培训的 SWOT 分析是指在对岗位培训的内部条件与外部环境的各因素进行综合概括的基础上，分析岗位培训的内部发展的优、劣势以及外部环境带来的机遇与威胁。同时，将岗位培训的内部条件因素与外部环境因素进行合理匹配，从而制定科学的战略，以达到发挥优势、克服劣势、利用机遇、规避威胁的目的。SWOT 分析的矩阵模型见表 6-1。

表 6-1 SWOT 分析的矩阵模型①

外部环境因素	内部条件因素	
	优势（S）	劣势（W）
机遇（O）	SO 战略（发挥优势、利用机遇）	WO 战略（利用机遇、克服劣势）
威胁（T）	ST 战略（发挥优势、规避威胁）	WT 战略（克服劣势、规避威胁）

第一节　我国田径教练员岗位培训的优势

一、逐步完善的政策法规

在正式启动体育教练员岗位培训活动之后，培训管理机构充分重视该项工作，并着手创建系统的体育教练员岗位培训工作制度和监管机制，使体育教练员岗位培训工作在短时间内得到了快速发展。根据《体育教练员职务等级标准》要求，体育教练员只有完成了岗位培训课程并取得相应的等级培训合格证书以后，才能申请晋升高一级职务，这一要求为我国体育教练员岗位培训工作的开展提供了制度保障。2000年开始正式实施的体育教练员持证上岗制度，加强了对体育教练员从业资格的管理，该制度的实施进一步加快了我国体育教练员岗位培训工作

① 黄瑞敏. 基于 SWOT 分析的企业竞争情报实例研究——IBM 公司建立竞争情报体系案例分析 [J]. 现代情报, 2007（1）: 191-194.

的普及。《关于深化教练员岗位培训教学改革，探索建立"能力本位"教学模式的意见》等文件和规定，也为体育教练员岗位培训奠定了良好的政策基础。2017 年，《体育总局办公厅关于进一步加强教练员岗位培训工作有关事宜的通知》明确指出，自 2018 年开始，初级教练员岗位培训合格证书由相关人员参加国家体育总局科教司组织的统一考试的方式获取；国家体育总局科教司负责制定考试大纲、考试题库，并统一组织考试。上述一系列文件的出台均为体育教练员岗位培训工作的开展提供了强有力的政策保障。

二、先进的培训硬件设施

培训工作的顺利开展离不开先进的培训硬件设施。经过多年的努力，我国已建成多个设施相对完善的田径教练员培训基地，并拥有配套的培训体系。其中，北京体育大学和上海体育学院的田径教练员培训基地的配套设施更全面、更先进。以上两大培训基地具备世界先进的体育科研基地和充足的教学基础设施，包括配有高速摄像系统的现代化室内田径场，以及录像解析系统、技术动作的生物力学分析系统等现代化教学设施和设备。此外，培训讲师均具有高级职称，理论积淀丰厚，实践能力突出。

第二节 我国田径教练员岗位培训的劣势

一、缺乏科学的课程体系

在开展体育教练员岗位培训活动的过程中，培训课程的科学性和标准化水平是关乎培训质量的重要因素，同时，也是实现培训目标的关键所在。体育教练员岗位培训课程与各类短期培训或学历教育的区别在于"岗位"二字，只有岗位培训课程切实符合体育教练员指导训练和指挥比赛等实践能力的岗位需求，只有在培训过程中更多地体现针对性和实践性，才能达到体育教练员岗位培训的目的。然而，通过调查发现，国内的田径教练员岗位培训班所开设的岗位培训课程未能完全达到上述要求，部分田径教练员岗位培训班所开设的岗位培训课程多采用理论课程授课的教学模式，为田径教练员提供的符合岗位需求的实践机会少之又少，因此，未能有效彰显出田径教练员岗位培训的特征与价值。这些问题的存在势必会影响田径教练员岗位培训课程体系的科学性，也直接影响了田径教练员岗位培训工作的质量和效果。

二、缺乏培训讲师资格认证制度

培训讲师是保证岗位培训工作质量的关键性因素，培训讲师水平的高低直接关系到培训工作的成败。合格的田径教练员岗位培训讲师不仅要具备系统的田径训练理论和一定的实践经验，同时还要充分了解田径项目的发展趋势与训练管理规定。我国尚未出台针对田径教练员岗位培训讲师执教资质的相关认证及管理规则。因为尚未形成针对田径教练员岗位培训讲师执教资质的相关认证及管理规则，因此，田径教练员岗位培训讲师的任用和管理缺乏统一标准，这严重影响了讲师队伍整体能力的提升。尤其是各省、自治区、直辖市、新疆生产建设兵团田径中级教练员岗位培训讲师队伍的能力水平参差不齐，讲师在未获得资格认证的情况下进行授课，势必会影响教学效果。

三、缺乏有效的培训评估机制

培训评估是评价培训效果的核心方式，能为后续培训工作的进行提供一定的帮助。世界范围内应用较为广泛的培训评估模式是柯氏四级培训评估模型。尽管柯氏四级培训评估模型是较为理想的培训评估模型，但经调研发现，我国田径教练员岗位培训的评估工作与柯氏四级培训评估模型的要求尚存较大差距，以测试考核为主导的评估机制只涉及柯氏四级培训评估模型中的学习层面，尚未达到反应层面、行为层面和结果层面的评估要求。在学习层面上，应注重考核形式的多样性，尤其应加强以考核田径教练员能力为主的开放型考核方式的运用；在反应层面上，未对田径教练员岗位培训的讲师、教材和方法等进行调查访谈，也未在行为层面和结果层面上对田径教练员岗位培训的质量和效果进行跟踪调研，这些问题导致当前开展的田径教练员岗位培训活动难以对未来的田径教练员岗位培训工作的实施提供有效指导。

第三节　我国田径教练员岗位培训的机遇

一、信息全球化为我国田径教练员岗位培训提供了机遇

在当今这个信息化时代，世界各国联系更加密切，社会发展模式随之改变，体育事业朝着全球化的方向发展。在此背景下，体育信息呈现出高速传播的发展态势，体现在不同国家、不同地区、不同种族在训练方法、训练过程控制等方面的相互借鉴与融合，体育管理制度的民族性与国际化的相互交融等方面。文献资料表明，近年来，我国田径训练水平的提高很大程度上是汲取世界范围内先进训练理念的结果。"请进来、走出去"的体育人才培养战略在很大程度上影响着我国田径教练员的训练理念，同时也为我国田径教练员岗位培训提供了良好的发展机遇。体育信息的高速流动既影响着基层田径教练员，也影响着培训讲师，最终为整个田径教练员岗位培训体系运转水平的整体跃迁奠定了基础。

二、田径教练员提升业务能力的主观愿望为岗位培训工作的开展奠定了基础

随着国内体育对外交流与互动活动的日益频繁，部分具有前沿训练理念的田径教练员已经认识到个人执教思想与国际先进执教思想之间的

差距，主动寻求参与田径教练员岗位培训活动的机会以达到完善知识体系、吸收先进经验、增强执教能力的目的，这些需求成为推动我国田径教练员岗位培训事业可持续发展的内在因素，激发了田径教练员提升业务能力的内在动机。笔者通过专家访谈以及查阅文献资料发现，我国大部分田径教练员都具有较强的提升业务水平的动机，这为田径教练员岗位培训工作的高效运行提供了有利条件。作为一个体育大国，我国历来重视体育教练员培训工作，并把体育教练员培训作为提升教练员队伍的执教能力与整体素养的主要方式。目前，国内田径教练员的岗位培训工作也得到了田径界专家的高度重视，这为田径教练员岗位培训工作的有序开展营造了良好氛围，提供了有利契机。

第四节　我国田径教练员岗位培训的威胁

一、缺乏充足的经费保障

培训经费是开展体育教练员岗位培训的基本前提，也是与体育教练员岗位培训活动紧密相关的教学场地、基础设备、培训讲师与培训教材等方面的资金基础。培训经费投入作为教育投资的重要构成要素，也许无法在短期内创造较高的经济收益，然而从长期来看，可以有效优化与更新体育教练员的训练理念，这有助于提升其执教水平。在现阶段，尽管田径教练员岗位培训经费的相关问题得到了一定程度的解决，但是，培训经费投入不足的问题并未从根源上得到解决。

在访谈中，参与田径教练员岗位培训的教练员普遍表示渴望获得更多具有国际水平的专业人员的指导，以提升个人执教的国际化水平，为运动员提供更加专业的指导。然而，在对田径教练员岗位培训组织管理者的访谈中我们得知，目前培训经费投入不足最直接的体现就是无法聘请到国内外优秀的一线教练员进行授课。

二、田径教练员培训的多样化发展趋势

现阶段，我国田径教练员培训工作呈现出多样化发展的态势。田径运动管理中心近几年对田径教练员培训体系采取了一系列新的改进措施，分别对我国田径一线队伍和基层的田径教练员进行常态化的培训。因为田径运动管理中心对田径教练员培训工作的充分重视和大量投入，在一定程度上来说，田径教练员岗位培训工作的重要性呈现出逐步弱化的态势。

第七章

国际田联教练员培训和认证体系的借鉴意义

第一节 国际田联对田径运动长期持续发展理念的重视

国际田联教练员培训和认证体系的设计充分考虑了教练员的培训等级与运动员的长期持续发展之间的关系。随着年龄的不断增长，运动员的发展先后经历少儿田径运动、多项目发展、项类发展、初始专项化和高水平成绩五个阶段。与运动员发展的五个阶段相对应，国际田联分别确定了少儿田径运动教练员培训、一级教练员培训、二级教练员培训、三级教练员培训和田径学院教练员培训等五种培训。

国际田联将运动员的发展过程大体划分为五个阶段，连续的两个发展阶段之间有一定的交叉和重叠，以满足运动员的个体差异性需求。其中，7~12岁为少儿田径运动阶段，11~14岁为多项目发展阶段，13~16岁为项类发展阶段，16~19岁为初始专项化阶段，18岁以上为高水平成绩阶段。也就是说，国际田联认为，16岁以下的青少年运动员不应该进行过多的专项化训练，否则就违背了运动员发展的基本规律，不利于青少年运动员的长期持续发展。国际田联一级教练员培训课程作为培训体系中具有创新性的重点课程，专门培养青少年田径运动教练员，从而在竞技体育人才"金字塔"模型的塔基层面上有效保障了田径运动的长期可持续发展。

第二节　国际田联教练员培训和认证体系的规范化和制度化

国际田联教练员培训和认证体系是一个发展较为成熟的、高度规范化和制度化的培训体系，在培训目标、培训需求、课程体系、培训教材、培训方法、培训讲师、组织管理工作和培训评估体系等方面均制定了明确的规范和制度。

与我国田径中级教练员岗位培训工作由各省、自治区、直辖市、新疆生产建设兵团体育局负责组织的情况类似，国际田联一级教练员培训班和二级教练员培训班均由各会员田径协会自主举办。但是，与我国各省、自治区、直辖市、新疆生产建设兵团的田径中级教练员岗位培训工作无统一规范和制度的情况不同的是，全球范围内各会员田径协会举办的国际田联一级教练员培训班和二级教练员培训班都有统一的规范和制度，具体表现在国际田联为所有的一级教练员培训班和二级教练员培训班提供统一的培训教材、资料和课程体系，由国际田联推荐经过统一培训的讲师，并要求学员进行统一标准的考核评估工作等。

国际田联不仅为各级教练员培训课程分别制定了统一的教学大纲，还提供统一的培训教材和培训课件，同时，也针对各级教练员培训课程的培训讲师制定了讲师手册，手册内容包括教学内容、课程表、考试方法和教学要求等，为培训讲师的授课内容和授课方法提供了统一的规范和要求。同时，国际田联教练员培训和认证体系的规范化和制度化在培训课程的考核评估工作中也有所体现。例如，在国际田联三级中长跑教练员培训课程资料中，仅统一的考核评估工作资料就有 10 余份，包括笔试试卷、笔试答案、笔试成绩结果分析表、实践课考试评分表、实践课考试反馈指导、训练计划设计考试的运动员基本资料、训练计划设计考试的计划表、学员的考核流程标准、讲师的评分标准、学员的最终成绩表、学员对课程体系的评价表和学员对讲师的评价表。培训考核通过的学员可获得相应级别的国际田联教练员培训证书，证书的正面印有考试合格的学员姓名、国际奥委会主席和国际田联主席姓名，背面印有国际田联教练员认证号码、理论课和实践课考试成绩等信息。

事实上，国际田联教练员培训和认证体系的规范化和制度化体现在培训工作的各个环节。这些严格的制度和规范保障了培训工作的顺利进行。

第三节　国际田联教练员培训和认证体系的更新效率

虽然国际田联教练员培训和认证体系是一个发展较成熟的培训体系，但国际田联为了顺应田径运动发展的新形势，始终致力于推进培训和认证体系的完善，充分重视培训和认证体系的更新工作。

2007 年，国际田联通过了国际田联五级教练员培训和认证体系，该体系在之前实施的国际田联三级教练员培训和认证体系的基础上，融入国际田联少儿田径运动教练员培训课程以及国际田联田径学院教练员培训课程，共同组成一个综合的培训和认证体系。与此同时，全球九个负责培训组织管理工作的国际田联地区发展中心陆续完成了少儿田径运动的教材资料翻译等工作，并出版了《跑！跳！投!》和《教练理论入门》两本教材。在针对7~12岁少年儿童的趣味田径运动培训课程开展了几年以后，国际田联意识到应该将13~15岁青少年田径运动发展计划的内容融入其一级教练员培训课程。2010年10月，国际田联发展部时任主任来到位于北京体育大学的国际田联地区发展中心·北京，其正式将13~15岁青少年田径运动发展计划的内容引入国际田联一级教练员培训课程，搭建起一座把少儿田径运动和青少年田径运动（针对15岁以上运动员）连接起来的桥梁。同时，对国际田联一级教练员培训课程的教学内容和课件也进行了相应的调整，在少儿田径运动内容的基础上融入了青少年田径运动发展计划的内容。

2015年，国际田联发展部为二级教练员培训课程和三级教练员培训课程编写了全新的培训教材，并要求各个地区发展中心尽快完成培训教材的翻译工作。这本教材名为《田径训练与动作科学——理论与实践》①，由德国科隆体育学院的专家和教练员团队执笔。这本教材的问世对全世界的田径运动训练实践产生了积极的影响，国际田联为推进培训和认证体系的完善所付出的努力也收获了丰硕的果实。

自2007年国际田联五级教练员培训和认证体系在全球范围内全面

---

①　该书仅作为国际田联教练员培训课程的内部资料使用，未出版。

实施以来，国际田联已经为各会员田径协会培养了大量具备国际田联认证资格的教练员。国际田联并不满足于此，而是积极听取各会员田径协会对教练员培训和认证体系的意见和建议。因为培训和认证体系的简化是培训工作的发展趋势，因此，国际田联决定将五级教练员培训和认证体系简化为三级教练员培训和认证体系，并于 2016 年开始在世界范围内正式实施新的国际田联三级教练员培训和认证体系。

事物是在不断发展变化的过程中逐渐趋于完善的。国际田联不仅注重对田径教练员培训的课程内容和培训教材等课程体系的更新，同时，也注重对田径教练员培训和认证体系本身的更新工作，以此达到全面完善田径教练员培训和认证体系的目的。

第四节　国际田联教练员培训和认证体系
高效有序的组织管理模式

国际田联教练员培训的组织管理工作部门主要包括国际田联发展部、国际田联地区发展中心和各会员田径协会等。因为国际田联在全球范围内有 9 个地区发展中心和两百多个会员田径协会，因此，高效有序的组织管理工作模式是顺利实施国际田联教练员培训的基础性保障。

根据国际田联教练员培训等级的不同，国际田联教练员培训的组织管理工作部门也有所不同。国际田联一级教练员培训班和二级教练员培训班由各会员田径协会向国际田联地区发展中心提出申请并获得批准后，由各会员田径协会主办，并在国际田联地区发展中心备案。国际田联要求，各会员田径协会必须在举办培训班的前两个月向国际田联地区发展中心提出办班申请并提交培训班准备情况表，明确培训班的举办时间、举办地点、经费来源、学员人数、讲师需求、培训设施与设备等内容。在获得国际田联发展部的审核批准后，国际田联地区发展中心向各会员田径协会推荐合适的讲师，并协助进行沟通联系工作。培训班结束以后，作为培训组织部门的各会员田径协会向国际田联地区发展中心提交培训组织管理工作报告表、学员信息表、学员对课程的评价表和学员对讲师的评价表等文件，培训班讲师提交讲师报告表和学员成绩表等文件。国际田联地区发展中心不仅要将上述培训文件整理归档并转发至国际田联发展部，还要将课程信息、培训学员和讲师信息以及学员成绩等录入国际田联教育系统数据库。

国际田联三级教练员培训班以及国际田联一级、二级讲师培训班是在国际田联地区发展中心向国际田联发展部提出申请并获得批准后，由国际田联地区发展中心主办。国际田联发展部为培训班选派合适的讲师人选，并协助进行沟通联系工作。国际田联地区发展中心向各会员田径协会发送举办培训班的邀请信，并组织培训班的报名工作。同时，国际田联地区发展中心在与培训讲师进行沟通协商后，确定培训班的日程安排、课程内容和培训教材等一系列与课程相关的准备工作。培训班结束以后，国际田联地区发展中心向国际田联发展部提交培训组织管理工作报告表、培训班财务报表、学员信息表、学员对课程的评价表和学员对讲师的评价表等文件，培训讲师向国际田联发展部提交讲师报告表和学员成绩表等文件。同时，国际田联地区发展中心将上述培训文件整理归档，并将课程信息、培训学员和讲师信息以及学员成绩等录入国际田联教育系统数据库。

综上所述，国际田联教练员培训和认证体系的组织管理工作步骤清晰且分工明确，高效有序的管理工作有力地保障了田径教练员培训工作的顺利开展。

第五节　国际田联教育系统数据库的使用

2003 年，国际田联发展部在信息技术部的协助下建立了国际田联教育系统数据库，对田径教练员培训的培训信息和成绩数据等资料进行规范化管理。国际田联发展部负责国际田联教育系统数据库的统筹管理工作，全球 9 个国际田联地区发展中心负责本地区举办的国际田联教练员培训班的信息录入和管理工作。

国际田联教育系统数据库设有培训课程、讲师、教练员和培训报告等几大内容板块，用户可以在各个内容板块下查询对应的信息和数据。其中，该数据库最核心的内容板块是培训课程板块，该板块汇集了全球范围内举办过的所有国际田联教练员培训班的信息和数据资料。培训班的主要信息页面可以查询培训班编号、举办时间、地点、类型、授课语种和经费来源，以及学员的教练员编号、性别、国籍、培训通过情况和讲师信息等具体资料；学员的具体信息页面可以查询该学员的地址、联系方式、擅长语种和培训成绩等具体资料。

国际田联教育系统数据库的建立保证了培训工作的科学性和有效性。该数据库不仅为遍布世界各地的工作人员提供了共享信息和协同工作的平台，有效地提高了组织管理培训工作的效率，而且也为国际田联的管理与运行提供了科学的依据。

综上所述，我国田径教练员岗位培训体系应充分借鉴国际田联教练员培训和认证体系的成功经验，逐步提高对田径运动长期持续发展理念的重视程度，实现我国田径教练员岗位培训体系的规范化和制度化，提高我国田径教练员岗位培训体系的更新效率，完善我国田径教练员岗位培训体系的组织管理模式，优化我国田径教练员岗位培训体系的网络数据系统，以达到完善我国田径教练员岗位培训体系的目的。

第八章

我国田径教练员岗位培训体系的创新路径

关于"创新"这一概念的界定，目前学术界有以下几种观点：①创新是创造出与现存事物不同的新东西，如新技术、新产品、新概念；②创新是产生、接受并实现新的理想、新的产品和新的服务；③创新是对现存事物进行某种创造性的改造；④创新是对一个组合或相关环境的新变化的接受；⑤创新是发明和开发的结合；⑥创新是人的创造性劳动及其价值的实现；⑦创新是将新的观念和方法付诸实践，创造出与现存事物不同的新东西，从而改变现状；⑧创新是人们能动地进行的产生一定价值成果的首创性活动。① 从上述观点中可以看出，"创造"是与"创新"紧密联系在一起的词汇，尽管某些情况下在强调这两个概念的共性特征时二者可以相互替换，但它们之间又有着本质的区别。从汉语词汇的形式上看，首先，创新并不一定是"首创"，它可以是对已有事物的更新和完善，而创造则强调前所未有的首创性和独创性，类似于发明的性质；其次，创新和创造都重视新颖性，但在水平和层次上，创新突出比较性和相对性，而创造强调开创性；最后，创新强调的是事物的"转型"，即事物由一种形态转变为另一种形态，由一种类型转变为另

---

① 高福安，林淑华. 创新人才培养方法论［M］. 北京：中国广播电视出版社，2005：3-4.

一种类型，但事物的本质并不一定发生变化。① 因此，"我国田径教练员岗位培训体系的创新路径"中的"创新"这一概念并不是指推翻目前正在使用的田径教练员岗位培训体系，也不是指首创另一个田径教练员岗位培训体系，而是对已有的田径教练员岗位培训体系进行更新和完善。

与经济学领域注重创新的经济价值不同，本书提到的"创新"主要是基于教育学范畴的概念，注重的是创新的社会价值和发展价值。柴国荣认为，从本质意义上理解，创新是主体为实现一定目的，遵循事物发展的规律，对事物的整体或其中的某些部分进行变革，从而使其得以更新和发展的活动。在理论研究、教学内容、教学方法、训练管理、培养方式等方面对其他领域的借鉴、移植、突破都是创新。在田径教练员岗位培训体系的每个方面做出新的变动、新的组合、新的改进也都是创新。这些创新既可以是"无中生有"，也可以是"有中生新"。对原有成果的借鉴、提高、突破乃至飞跃就是"有中生新"。②

本书将基于柴国荣对"创新"这一概念的理解，在借鉴国际田联教练员培训和认证体系中适合我国田径教练员岗位培训体系的先进经验和方法的基础上，结合我国的国情和教练员岗位培训工作的开展现状，推导出我国田径教练员岗位培训体系的创新模式和完善方向。本书认为，我国田径教练员岗位培训体系的核心内容主要包括：岗位培训制度建设、岗位培训课程体系、岗位培训讲师管理制度、岗位培训评估体系。因此，

---

① 朱洪波. 高等学校创新人才培养研究 [D]. 武汉：武汉大学，2003.
② 柴国荣. 我国田径教练员创新能力培养研究 [D]. 北京：北京体育大学，2006：16-17.

对我国田径教练员岗位培训体系的创新性研究将主要从以上四个方面进行。

第一节　我国田径教练员岗位培训制度的改革

我国田径教练员岗位培训工作自 1987 年开始进入试点工作阶段至今，已经过 30 多年的发展。国家教育委员会、劳动部和人事部（现为中华人民共和国人力资源和社会保障部）等部门发布的《关于开展岗位培训若干问题的意见》指出，岗位培训是对从业人员按岗位需要在一定政治、文化基础上进行的以提高政治思想水平、工作能力和生产技能为目标的定向培训。也就是说，岗位培训工作应该从岗位的实际需求出发，贯彻按需施教和学用结合的原则，通俗地说，就是干什么学什么，学什么用什么，缺什么补什么，强调培训的针对性、实用性和实效性。

然而，据统计，在参加 2018 年全国田径高级教练员岗位培训班的所有学员中，在体工队和省体育运动学校工作的学员占比为 23.4%，在基层体育运动学校工作的学员占比为 76.6%。其中，还有少数曾担任田径教练员的培训学员，虽然目前他们已转岗至管理人员岗位，但为了晋升职称仍然需要参加田径教练员岗位培训。我国田径教练员岗位培训经过 30 多年的发展，参加田径高级教练员岗位培训的学员构成发生了很大的变化。早期参加培训的学员以省一线队田径教练员为主，最近几年则以基层体育运动学校田径教练员为主。从我国田径教练员岗位培训的学员构成情况来看，参加"同级岗位"培训的学员所在岗位的情况各不相同，呈现出"同班"不同"质"的现象，因此，不同学员的培训目标和培训需求也不尽相同。例如，基层体育运动学校田径教练员的培训需求主要是如何提高青少年田径运动训练水平，省一线队田径教练员的培训需求则可能是如何将田径运动员的成绩从运动健将水平提高至国际级运动健将水平，而任职于管理岗位的培训学员的实际需求则可能是如何提高管理队伍的能力。那么，田径教练员岗位培训工作如何同时兼顾不同类型培训学员的实际需求，设计科学合理的培训课程，从而达到有针对性地按需施教的目的呢？

笔者认为，从某种意义上来说，或许田径教练员职称培训或者田径教练员等级培训更符合现行的田径教练员岗位培训工作的实际情况。因此，田径教练员岗位培训的主题或可适当调整，以符合实际。

第二节　我国田径教练员岗位培训课程体系的创新

一、课程内容的创新

（一）田径初级教练员岗位培训课程内容的创新

根据《体育总局办公厅关于进一步加强教练员岗位培训工作有关事宜的通知》，自 2018 年开始，初级教练员岗位培训合格证书由田径教练员按照考试大纲内容自学，参加国家体育总局科教司组织的全国统一考试的方式获取。随之而来的问题是，未接受统一培训的田径教练员通过未设置专项差异性的全国统一考试即可持证上岗，这种考试形式能否真正考查一位田径教练员是否具备科学的专项训练理念和专项训练实践能力？

目前，我国青少年田径运动员的实际训练情况迫切要求田径初级教练员具备科学合理的田径专项训练理念和过硬的专项训练实践能力，以解决青少年田径训练早期专项化的现实问题。那么，科学合理的田径专项训练理念和专项训练实践能力从何而来？田径教练员的日常训练工作、参赛经验积累、自我学习与相互交流等均是科学的专项训练理念和专项训练实践能力的来源，然而，科学合理的田径初级教练员岗位培训应该是更有针对性地提升专项训练实践能力的有效途径。

我国田径初级教练员岗位培训合格证书是学员通过自学后参加统一考试的方式获取的，笔者因此对"田径初级教练员岗位培训课程设置的必要性"进行了问卷调查，调查结果见表8-1。

表8-1　对"田径初级教练员岗位培训课程设置的必要性"的调查结果

同意程度	教练员组（$n=81$）		专家组（$n=12$）	
	频数	百分比/%	频数	百分比/%
非常同意	24	29.6	7	58.4
比较同意	36	44.4	3	25.0
一般	16	19.8	1	8.3
比较不同意	5	6.2	1	8.3
非常不同意	0	0	0	0

从表8-1可以看出，认为田径初级教练员岗位培训课程设置非常

必要和比较必要（即选"非常同意"和"比较同意"）的教练员和专家的比例分别为74.0%和83.4%。肩负青少年田径运动员的选材、培养和训练等多重任务的田径初级教练员，尤其需要具备科学的专项训练理念和过硬的专项训练实践能力。因此，田径初级教练员岗位培训应该重视对青少年训练理论和实践培训课程的开发，根据田径初级教练员的实际岗位需求科学地安排培训课程。

那么，我们是否可以通过借鉴国际田联教练员培训和认证体系的先进经验来完善我国的田径教练员岗位培训体系呢？与我国田径初级教练员岗位培训课程相对应的是国际田联一级教练员培训课程，该课程无论是在培训规范性方面、注重实践性教学方面，还是在避免青少年田径训练的早期专项化方面都更加科学合理。国际田联一级教练员培训课程以国际田联青少年田径运动发展计划为基础，是一项专门培养青少年田径运动教练员的培训课程。国际田联一级教练员培训课程的主要内容包括青少年田径运动员科学化训练的理论和方法、青少年生理和心理特征、青少年运动员的选材、青少年田径运动赛事的组织与实施，以及青少年的跑、跳、投基本动作能力的全面培养等。

国际田联青少年田径运动发展计划是世界体育运动发展计划中涉及面较广、范围较大的体育运动计划。据统计，国际田联青少年田径运动发展计划已在130余个会员田径协会所在国家或地区推广，覆盖世界各地约1300万名青少年。2001年，国际田联在进行全球青少年田径运动参与现状的研究时发现，许多国家由于经费投入不足或缺乏专门设施等，很少为青少年组织田径运动。尽管有些国家为青少年开展了一些田径运动实践，但也多是为培养"杰出者"而进行的田径运动，因而造成了青少年田径训练的早期专项化问题，严重影响了他们未来的运动生涯。因此，国际田联决定根据青少年的需要、动机和身心发展规律，为他们制订一套有吸引力、容易参与且具有教育意义的青少年田径运动发展计划。2005年，国际田联为了满足各个国家和地区中小学校和青少年田径运动发展的实际需要，为7~15岁的青少年制订了一项青少年田径运动发展计划，旨在以快乐、安全的运动方式使青少年在身心健康、社会适应和道德培养等方面受益。国际田联致力于在全世界范围内宣传和推广这项青少年田径运动发展计划，它是一种力图把趣味性与安全性融入田径运动的实践方式，致力于用一种新的竞赛形式来发掘青少年的基本田径技能，让他们在享受快乐田径运动的同时，提高身体素质，培养团队精神，激发拼搏竞争的决心和信心。国际田联青少年田径运动发展计划不仅是学校和各会员田径协会在发展青少年田径运动时可以利用的工具，而且为学校和各会员田径协会培养年轻运动员参加地区、国家或世界级锦标赛提供后备人才。国际田联青少年田径运动的比赛形式是以该年龄段青少年的实际需要和技能水平为根据而制定的，主要进行的是团队形式的多项目的以锻炼身体能力和提高素质水平为主的锦标赛。

国际田联青少年田径运动发展计划的组织目标包括：第一，很多青少年能同时积极参与；第二，积极参与的基础类田径运动形式多样；第三，好成绩不只局限于强壮或速度快的青少年；第四，安排运动技能练习要参照年龄和协调能力因素；第五，运动具有一定的危险性，要提供一种适合青少年参加的田径运动；第六，根据组别顺序，项目结构和评分要简单；第七，无需很多协助人员和裁判；第八，以男女混合组成团队的形式参加比赛。

　　国际田联青少年田径运动发展计划的内容包括：第一，健康促进——所有活动的目标是促进青少年健康成长，鼓励青少年全身心投入活动。田径运动是能够通过改变活动性质和活动自然特征来满足这种目标的运动项目。第二，社会参与——国际田联青少年田径运动发展计划是在社会背景下培养青少年团结精神的有益活动。团队中的每位成员都积极参与集体项目，这为青少年的相互参与、接受差异提供了机会。规则简单无害、符合青少年天性的运动项目，有利于青少年在活动中承担领导和团队教练的责任。第三，冒险特点——激发青少年在比赛中取胜的动力。精心安排活动方式，使比赛结果不到最后一刻都难以预测，这样就为青少年积极参加活动提供了动力。

　　国际田联青少年田径运动发展计划的特征主要体现在以下三个方面。第一，国际田联青少年田径运动发展计划具有一定的渐进性。它根据不同年龄段青少年的技能水平和实际需要，循序渐进地安排不同形式和内容的训练和比赛。例如，针对7~10岁的青少年田径运动员，安排穿梭短跑和跨栏接力；针对11~12岁的青少年田径运动员，安排弯道方程式的短跑和跨栏接力；针对13~15岁的青少年田径运动员，安排正式接力（短距离）。第二，国际田联青少年田径运动发展计划具有很强的实用性。它提出的活动内容几乎在任何地方都可以组织，而且只需要基本的设施和较少的设备。同时，根据不同年龄组制订的不同项目计划能够满足7~15岁青少年技能学习的需要和发展。第三，国际田联青少年田径运动发展计划具有简便性。它的训练活动内容是比较基础的，少儿田径运动教练员经过短时间的培训即可顺利地组织青少年进行练习和比赛。

国际田联一级教练员培训课程根据青少年的生理和心理等发育特点，制定了一套适合青少年运动员长期发展的训练模式和训练方法。例如，针对 13~15 岁青少年田径运动员，国际田联给出的训练课安排建议，见表 8-2。

表 8-2　国际田联 13~15 岁青少年田径运动员的训练课安排表

年龄/岁	13	14	15
每周训练课次数/次	2~3	3	3~4

资料来源：据 2015 年国际田联地区发展中心·北京发展部"青少年运动员训练计划"相关资料整理。

同时，国际田联根据常规训练课的一般要求，为各个年龄段的少年儿童和青少年田径运动员制订了不同的训练课计划，同时，对训练课各个环节的组织与实施步骤做出了详细的规划，具体内容见表 8-3。

表 8-3　国际田联少年儿童和青少年田径运动员的训练课计划

年龄/岁	5~6	7~8	9~12	13~15
训练课时间/分钟	30	45~60	60~75	75~90
训练课内容	趣味活动	热身运动 10 分钟 技能练习 30 分钟 接力 10 分钟 有氧运动 10 分钟 整理运动 5 分钟	热身运动 10 分钟 技能练习 40 分钟 接力 10 分钟 有氧运动 10 分钟 整理运动 5 分钟	热身运动 15 分钟 技能练习 30 分钟 素质训练 20 分钟 接力 10 分钟 有氧运动 10 分钟 整理运动 5 分钟

资料来源：据 2015 年国际田联地区发展中心·北京发展部"青少年运动员训练计划"相关资料整理。

国际田联根据青少年田径运动员的生长发育特点，精心设计了一系列既简单又能体现田径运动项目精髓的专项练习，从而在引导青少年田径运动员形成正确的田径运动意识的前提下，达到科学化训练的目的。例如，针对低年龄段的小田径运动员，国际田联根据铁饼投掷项目的特点，设计了转投项目练习。这项练习要求小田径运动员通过旋转动作将一个软式手握器材投掷到落地区内，落地区可划分为左、中、右三块区域，投掷物（软式手握器材）的落地点在右侧区域内得3分、中间区域得2分、左侧区域得1分。这项练习既保证了趣味性和安全性，同时，又符合铁饼投掷项目的合理出手点等技术要求，能引导小田径运动员树立找准正确出手时机的运动意识。

同时，国际田联一级教练员培训课程也以青少年的实际需要和技能水平为根据，策划了一系列符合青少年发育特点的以跑、跳、投等田径基本项目为主要内容的团队比赛活动，用一种将更多趣味性和安全性融于一体的竞赛形式来发掘青少年的基本田径技能。例如，国际田联为13~15岁青少年田径运动员设计了一套田径锦标赛方案，建议将此作为16岁以上青少年田径官方比赛的预备性比赛方案。国际田联13~15岁青少年田径锦标赛田径运动比赛项目见表8-4。

表8-4　国际田联13~15岁青少年田径锦标赛田径运动比赛项目表

项目	女生	男生
短跑	50~100 m	50~100 m
跨栏	50 m	50 m、100 m

续表

项目	女生	男生
中长跑	1000 m、2000 m	1000 m、2000 m
竞走	2000 m、3000 m	3000 m、4000 m
跳跃	跳远、三级跳、 跳高、撑竿跳	跳远、三级跳、 跳高、撑竿跳
投掷	铅球（3 kg）、标枪（500 g）、 铁饼（800 g）、链球（3 kg）	铅球（4 kg）、标枪（600 g）、 铁饼（1 kg）、链球（4 kg）
接力	4×50 m	4×50 m

资料来源：国际田联新三级教练员培训和认证体系等级。

国际田联建议以团队比赛的形式进行 13~15 岁青少年田径锦标赛，团队中的每位成员都要参加所有项目的比赛，以避免青少年田径训练早期专项化的发展趋势。国际田联认为，15 岁以下的青少年田径运动员不应该把成绩作为训练的目标，田径教练员应该摒弃培养高水平青少年田径运动员的错误观念。这个时期，田径教练员应该注重培养青少年田径运动员的各项田径基本技能，即一般的跑、跳、投等基本技能。同时，13~15 岁是青少年田径运动训练中重要的过渡阶段，只有采用正确的训练方法，未来才能培养出高水平田径运动员。

我国田径初级教练员多为业余体校和体育运动学校的田径教练员，训练对象是处于基本动作能力训练关键时期的青少年田径运动员。根据国内外大量优秀田径运动员的成长训练规律，一般情况下，田径运动员只有在青少年时期进行科学全面的基本动作能力训练，才能在成年后获得专项成绩的稳步提高，从而达到较高的运动水平。然而，目前我国大多数田径运动员在青少年时期能够达到较高的运动水平，但在成年时期却往往被国外田径运动员快速反超。即使是在成年时期能够取得优异成绩的田径运动员，其达到最高运动水平的年龄也往往小于世界优秀田径运动员达到最高运动水平的年龄。如 2004 年雅典奥运会的 2 枚金牌获得者均刚满 20 岁，而世界优秀田径运动员达到最高运动水平的年龄多为 25~30 岁。曲淑华认为，我国青少年田径运动员开始专项化训练的平均年龄为 13.9 岁。[①] 这种现象说明，我国青少年田径运动员的训练过程缺乏一定的合理性和科学性，应该充分重视并借鉴国际先进的青少年田径运动训练经验，并将其科学合理的青少年田径运动训练理念和方法引入我国田径初级教练员岗位培训课程，积极贯彻按需施教的岗位培训原则。

　　笔者对"将国际田联一级教练员培训课程作为我国田径初级教练员岗位培训课程的可行性"进行了问卷调查，调查结果见表 8-5。

表 8-5　对"将国际田联一级教练员培训课程作为我国田径初级教练员
岗位培训课程的可行性"的调查结果

同意程度	教练员组（n=81）		专家组（n=12）	
	频数	百分比/%	频数	百分比/%
非常同意	36	44.5	6	50.0
比较同意	33	40.7	4	33.4
一般	9	11.1	1	8.3

---

①　曲淑华. 中国青少年田径运动训练研究［D］. 北京：北京体育大学，2006：75.

的会员田径协会举办的国际田联二级教练员培训班都有统一的规范和制度，具体表现在国际田联为所有的二级教练员培训班提供统一的培训资料和课程体系，推荐经过统一认证的培训讲师，并要求进行有统一标准的考核评估工作等。换言之，世界各个国家和地区的会员田径协会都能举办有统一规范和标准的国际田联二级教练员培训班，难道由各省、自治区、直辖市、新疆生产建设兵团体育局负责组织的田径中级教练员岗位培训班就无法实施统一的规范和标准吗？答案是显而易见的。

然而，在现阶段，由相关部门为各省、自治区、直辖市、新疆生产建设兵团体育局开发并设置统一的田径中级教练员岗位培训课程体系和教学资料，推荐统一的培训讲师，并进行有统一标准的考核评估工作等也许还不太成熟。因此，借鉴目前发展已较为成熟规范的国际田联二级教练员培训课程不失为一种值得考虑的方法。

笔者对"将国际田联二级教练员培训课程引入我国田径中级教练员岗位培训课程的可行性"进行了问卷调查，调查结果见表8-6。

表8-6　对"将国际田联二级教练员培训课程引入我国田径中级教练员岗位培训课程的可行性"的调查结果

同意程度	教练员组（$n=81$）		专家组（$n=12$）	
	频数	百分比/%	频数	百分比/%
非常同意	29	35.8	3	25.0
比较同意	32	39.5	5	41.7
一般	16	19.8	3	25.0
比较不同意	4	4.9	1	8.3
非常不同意	0	0	0	0

从表 8-6 可以看出，认为将国际田联二级教练员培训课程引入我国田径中级教练员岗位培训课程非常可行和比较可行（即选"非常同意"和"比较同意"）的教练员的比例为 75.3%，专家的比例为66.7%。因此，相关部门可以尝试将发展较为成熟规范的国际田联二级教练员培训课程引入我国田径中级教练员岗位培训课程，由各省、自治区、直辖市、新疆生产建设兵团体育局负责组织有统一标准的田径中级教练员岗位培训班。

（三）田径高级教练员岗位培训课程内容的创新

我国田径高级教练员岗位培训班的课程内容主要包括基础理论课、专项理论与实践课和专题讲座三部分。在对部分参加 2018 年全国田径高级教练员岗位培训班的教练员的访谈中，教练员普遍反映了专项实践课学时过少的问题。北京体育大学举办的 2018 年全国田径高级教练员岗位培训班（田赛项目）共安排了 4 次实践课程（每次 3 学时），包括运动员竞技能力分析实践课 2 次、专项能力训练方法实践课 1 次以及现代训练特点与体能训练要义实践课 1 次。经统计，讲授课与讨论课的学时约占总学时的 79%，实践课学时约占总学时的 21%。在国际田联教练员培训和认证体系中，与我国田径高级教练员岗位培训课程相对应的是国际田联三级教练员培训课程。在国际田联三级教练员培训课程中，包含专项实践课和教练员实践课在内的实践课学时约占总学时的 40%。

笔者对"我国田径高级教练员岗位培训中理论课与实践课的学时比例的合理范围"进行了调查，调查结果见表 8-7。

表 8-7 对"我国田径高级教练员岗位培训中理论课与实践课的
学时比例的合理范围"的调查结果

理论课与实践课学时比例	教练员组（$n=81$）		专家组（$n=12$）	
	频数	百分比/%	频数	百分比/%
1：1	36	44.4	5	41.7
2：1	29	35.8	5	41.7
3：1	14	17.3	1	8.3
4：1	2	2.5	1	8.3

从表 8-7 的调查结果来看，超过 40% 的教练员和专家都认为理论课与实践课的学时比例为 1：1 比较合适，认可度排第二的理论课与实践课学时比例为 2：1。在访谈中，部分专家与教练员认为针对不同等级的田径教练员，其岗位培训的理论课与实践课的学时比例应略有不同。随着培训等级的升高，实践课的学时比例可呈现逐渐减小的趋势。有专家明确表示，田径初级教练员岗位培训中理论课与实践课的学时比例可以为 1：1 左右，田径中级教练员岗位培训中理论课与实践课的学时比例可以为 2：1 左右，而田径高级教练员岗位培训中理论课与实践课的学时比例可以为 3：1 左右。尽管具体的学时比例范围还有待深入研究，但可以确定的是，目前田径高级教练员岗位培训中的实践课的学时安排略显不足。

田径教练员岗位培训实践课的授课讲师应该为长期从事训练活动的国内外高水平田径教练员，他们能结合自己丰富的训练经验在实践教学中解决培训学员在实际训练中遇到的主要问题。国际田联的教练员培训课程非常注重田径实践课的教学安排，鼓励授课讲师在实践教学中向学员传授田径训练经验。如在一次短跨项群的教练员培训课程中，讲师在实践课中向学员讲解并演示短跑运动员的加速能力应该通过为运动员施加水平方向阻力的方法进行训练，而非穿负重背心等在垂直方向上施加阻力的方法。该讲师还通过一系列示范动作告诉学员，高质量的快速伸缩复合训练通常不会产生很大的噪音。这些训练经验和方法都是一线优秀田径教练员在长期的训练活动中总结出来的，能够真正满足培训学员解决训练问题的实际需求。

　　根据国际田联三级教练员培训课程的授课安排，实践课学时约占总学时的40%。实践课由专项实践课和教练员实践课两部分构成，其中，教练员实践课占总学时的29%。教练员实践课是国际田联教练员培训和认证体系特别为提高教练员指导训练和指挥竞赛等能力而设置的实践课程，主要是通过教练员亲自执教实践课程来具体考查教练员的专项执教能力。在教练员实践课上，讲师会根据课程目的，要求每位学员依次担任教练员，指导其他学员训练。每位学员的实践展示结束后，首先由其他学员对该学员的实践课安排提出建议与意见，最后由讲师给出反馈性意见。对于田径高级教练员来说，教练员实践课不仅能为他们提供展示执教能力的平台，增加大家相互学习和交流训练经验的机会，还能引导他们在运动训练过程中对技术动作进行科学的分析与评价。根据体育教练员岗位培训的要求，岗位培训工作应注重对体育教练员指导训练和指挥竞赛等实践能力的培养，增加实践培训课程的比重。因此，笔者建议田径高级教练员岗位培训班适当增加教练员实践课的学时，同时，提高对聘请一线优秀田径教练员担任授课讲师的重视程度，努力为培训学员提供高质量的精品实践课程，以体现田径教练员岗位培训工作的实践性、应用性和针对性原则。

另外，我国田径教练员岗位培训班的培训要求明确提出，田径教练员要具备科学制订训练计划和实施训练计划的实际能力。该能力的培养过程主要由训练计划的制订、训练计划的实施和训练计划的检查三个相互联系的环节构成，其中，训练计划的制订是进行后两项工作的前提条件。因此，训练计划制订得合理与否，是评价教练员执教水平的主要指标之一，也是教练员实施训练活动的前提和保障。① 但是，我国田径教练员岗位培训班的内容却很少涉及训练计划的制订，培训学员也难以真正学习到科学制订训练计划的方法。

在国际田联教练员培训和认证体系中，训练计划的制订是培训课程的重要内容之一。国际田联三级教练员培训课程非常重视对田径教练员小周期训练计划制订能力的培养，在8天的培训课程中安排了4次小周期训练计划制订课程和4次反馈课程，学时比例占总学时的30%左右。在小周期训练计划制订的课程中，讲师首先为学员提供运动员的特定信息，包括实际年龄、生理年龄、性别、参加项目、训练年限、最好成绩、训练目标和训练阶段等参数，让学员自行分组讨论并制订小周期训练计划，随后由小组代表对训练计划进行展示与说明，其他小组要针对该小周期训练计划提出建议与意见，最后由讲师分别针对每组制订的小周期训练计划给出反馈性意见。国际田联的训练计划制订课程不仅体现了培训工作的实践性、应用性和针对性原则，同时，也体现了教学的主体性原则。

---

① 王卫国. 制订训练计划应注意哪些方面 [J]. 中国体育教练员，2009，17（2）：32.

笔者对"将训练计划制订课作为我国田径教练员岗位培训的课程内容的可行性"进行了问卷调查,调查结果见表8-8。

表8-8 对"将训练计划制订课作为我国田径教练员岗位培训的课程内容的
可行性"的调查结果

同意程度	教练员组 (n=81)		专家组 (n=12)	
	频数	百分比/%	频数	百分比/%
非常同意	32	39.5	5	41.7
比较同意	31	38.3	4	33.3
一般	13	16.0	2	16.7
比较不同意	5	6.2	1	8.3
非常不同意	0	0	0	0

表8-8显示,分别有77.8%的教练员和75.0%的专家认为将训练计划制订课作为我国田径教练员岗位培训的课程内容非常可行和比较可行(即选"非常同意"和"比较同意")。与一般意义上的教练员培训课程不同,田径教练员岗位培训课程应该从教练员的实际岗位需求出发,强调按需施教和学用结合的原则。训练计划的制订作为教练员实施训练活动的前提和保障,是教练员的岗位职责之一。对于经常带队参赛的田径高级教练员来说,小周期训练计划的制订能力是至关重要的。因此,笔者建议我国田径高级教练员岗位培训班增加小周期训练计划制订课程,并聘请理论知识与实践经验兼具的一线优秀田径教练员担任该课程的讲师。

据统计,在参加2018年全国田径高级教练员岗位培训班(田赛项目)的所有学员中,在体工队和省体育运动学校工作的学员占23.4%,

在基层体育运动学校工作的学员占76.6%。经过多年的岗位培训，大部分体工队的一线田径教练员都已经获得了田径高级教练员岗位培训合格证书，而现阶段参加培训的学员主要是基层体育运动学校的田径教练员，因此，笔者建议在田径高级教练员岗位培训课程体系中适当增加青少年田径运动训练的教学内容，具体可参考《中国青少年田径教学训练大纲》或国际田联一级教练员培训课程的部分内容。

二、培训教学方法的创新

因为我国田径教练员岗位培训的课程以讲师讲授知识性较强的理论课程为主，因此，大部分讲师采用的是讲授法和讨论法等以讲师为主导的以语言传递信息为主的教学方法。笔者针对我国田径教练员岗位培训教学方法的改进形式以多选题的方式做了问卷调查，统计结果见图8-1。

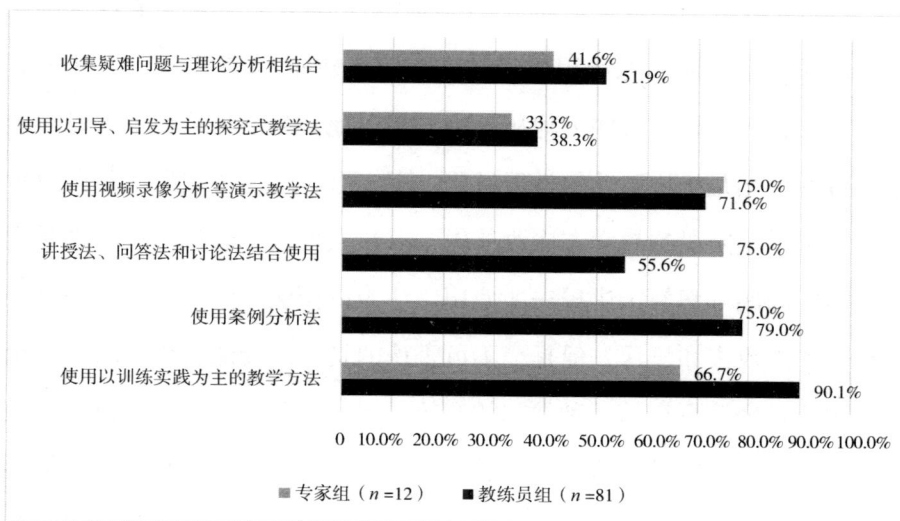

图 8-1　我国田径教练员岗位培训教学方法的改进形式统计结果

　　统计结果显示，田径教练员最希望讲师使用以训练实践为主的教学方法，这类田径教练员占到了 90.1%，其次，田径教练员希望讲师使用案例分析法和视频录像分析等演示教学法。由此可见，田径教练员关注的教学方法都与实践教学密切相关，而这也正是我国田径教练员岗位培训在教学方法方面所欠缺的。参与田径教练员岗位培训工作的讲师多为任职于各大体育院校的高校教师，他们比较习惯于采用讲授法和讨论法等以讲师讲授理论课程为主的教学方法。但是，与学历教育课程或一般培训课程不同，体育教练员岗位培训课程应针对任职于一线体育教练员岗位的培训学员的现实需求，注重采用与训练实践相关的教学方法。与教练员组不同，专家组的主要关注点不是以训练实践为主的教学方法，而是讲授法、问答法和讨论法结合使用的教学方法，这或许是多数作为培训讲师的专家从教学的实际情况出发而做出的选择。

　　讲授法在教学中的使用通常有两种极端的现象。一种是有些讲师在理论教学中不能恰当地运用讲授法，从而形成了"满堂灌"的注入式教学现象；另一种是有些讲师从理论上错误地认为学员接受讲师讲授内容的过程必然是机械被动的学习过程。事实上，这两种现象都是要避免的。尽管在现阶段的教学方法改革中，有些人把教学效果不佳、教学质量不高等问题都归咎于讲授法的使用，认为讲授法是注入式教学的代表而对其加以攻击和排斥，但是，不可否认的是，讲授法目前仍然是理论教学中比较经济可靠的一种常用的有效方法。需要注意的是，讲师在使用讲授法进行田径教练员岗位培训授课时，要充分结合田径教练员指导训练、指挥竞赛和管理队伍的实践性活动，用案例分析法推导出概念和理论，再用理论去解决田径运动训练和竞赛中的实际问题。同时，讲师要灵活地将讲授法与问答法和讨论法结合起来，留出一定的时间与学员进行互动交流，对学员提出的在实际田径训练和竞赛中遇到的问题进行解答或组织课堂讨论，这样才能提升田径教练员岗位培训课程的教学效果，达到教学相长的目的。

我国田径教练员岗位培训中比较欠缺与实践教学密切相关的教学方法，可以借鉴国际田联教练员培训的实践课教学方法。国际田联教练员培训的实践课分为专项实践课和教练员实践课两种类型，授课讲师主要采用演示法等以直接感知和实际训练为主的教学方法。教练员实践课不仅为田径教练员提供了展示其执教能力的平台，增加了大家相互学习和交流训练经验的机会，而且也丰富了实践课的教学形式，体现了田径教练员培训工作的实践性、应用性和针对性原则。同时，我国田径教练员岗位培训也应该注重以引导、启发为主的探究式教学法的使用。根据《关于深化教练员岗位培训教学改革，探索建立"能力本位"教学模式的意见》的要求，能力本位教学模式需要与之相配套的教学方法，讲师要积极采用启发式、探讨式教学方法，充分发挥自身主导性和学员主体意识，探索建立讲、练、做一体化的教学方式。柴国荣认为，对体育教练员而言，讲授法的接受学习模式的教学效果显然不如"问题解决教学法"和"探究式教学法"的探究学习模式的教学效果好，运用探究学习模式培养体育教练员就是方法上的创新。[①] 因此，笔者建议借鉴国际田联教练员培训课程的内容设置，在我国田径教练员岗位培训课程中增加训练计划制订课，因为这类课程将小组讨论法与以引导、启发为

---

① 柴国荣. 我国田径教练员创新能力培养研究 [D]. 北京：北京体育大学，2006.

主的探究式教学法等以学员为主体的教学方法巧妙地结合在一起，不仅能够体现"教学相长"和"教学互动"的教学理念，而且也能够达到组织和引导学员通过探讨和研究性活动获得知识的教学目的。

三、培训教材建设的创新

培训教材建设是我国教练员岗位培训教学改革和创新的重点与难点。岗位培训的模式与学历教育不同，岗位培训要求培训教材在具有系统性的前提下，更要具有较强的针对性和实用性，并且要紧随世界现代竞技体育的快速发展趋势，不断添加新的前沿性内容。

目前，我国田径教练员岗位培训的教材编写工作只涉及中级和高级教练员岗位培训，初级教练员岗位培训无统一的培训教材。根据我国田径教练员岗位培训教学大纲及教材编写方案提到的要学习和借鉴国际田联教练员培训和认证的经验的要求，笔者建议在将国际田联一级教练员培训课程引入我国田径初级教练员岗位培训课程的前提下，使用国际田联一级教练员培训课程使用的《跑！跳！投！》和《教练理论入门》两本指定教材进行田径初级教练员岗位培训，这不仅能够指导田径教练员正确讲授田径运动技术，而且也能够满足田径教练员将运动训练理论与实践相结合的实际需求。同时，笔者建议使用国际田联为一级教练员培训课程编写的青少年田径运动的专项理论、训练指南、教学卡片和项目比赛等方面的电子资料，并在举办田径初级教练员岗位培训班期间将这些电子资料以刻录光盘的形式分发给学员，以满足学员在培训结束后继续学习的需求。

　　据调查，我国田径中级和高级教练员岗位培训教材存在着缺乏针对性、实用性和前沿性等问题。岗位培训教材应该避免与普通学科教材雷同，在岗位培训教材中可大胆引入教学案例分析和国外先进的训练方法。同时，应该根据国家竞技体育的发展方向，密切关注现代体育科学技术的发展，并及时吸收最新的科学技术研究成果。① 因此，笔者建议田径中级和高级教练员岗位培训教材在编写时应适当参考由德国科隆体育学院的专家和教练员团队执笔的国际田联教练员培训教材——《田径训练与运动科学——理论与实践》的内容。这本教材涵盖了田径运动发展的新趋势和现代田径运动训练的特点，侧重于体育科学领域的最新研究成果在田径训练实践中的应用以及对世界著名的成功教练员的训练经验和方法的总结。在这本教材中，每个田径专项的内容都包括项目分析、比赛规则、技术特征分析表、序列图片、比赛战略、训练内容、训练计划、专项测试与控制程序等内容。该教材具备了将体育科学最新研究成果与田径训练实践相结合，以及对成功教练员的训练经验和方法加以提炼总结等特点，符合岗位培训教材的要求，即岗位培训教材要有针对性地为教练员提供科学的训练方法，避免与普通学科教材内容雷同。这本教材的引进与应用将有利于解决我国田径教练员岗位培训教材目前存在的缺乏针对性、实用性和前沿性等问题。

　　同时，根据我国田径中级和高级教练员岗位培训的学员构成以业余体校或体育运动学校的基层田径教练员为主的实际情况，笔者建议我国

---

　　① 孙宏达. 河南省田径教练员培养体系研究 [D]. 开封：河南大学，2011.

田径中级和高级教练员岗位培训教材适当增加青少年田径运动员的训练安排等内容，可参考《中国青少年田径教学训练大纲》的部分内容进行编写。

最后，笔者建议，田径教练员岗位培训教材在编写时除了借鉴传统纸质教材、利用现代多媒体技术配置的电子课件和音像资料之外，还可设计与之配套的 App，为田径教练员提供灵活多样的培训资料。

第三节　我国田径教练员岗位培训讲师资格认证体系的构建

我国田径教练员岗位培训体系中尚没有对培训讲师资格进行统一认证和管理的标准，培训讲师队伍存在着建设不够规范、讲师的能力水平无统一衡量标准和讲师队伍中不同类别人员的比例失调等问题。有研究表明，我国应根据新时期体育教练员岗位培训的特点，参考借鉴国际单项体育协会教练员岗位培训讲师资格管理认证模式，结合田径教练员岗位培训发展的现实需要，构建田径教练员岗位培训讲师资格认证体系，制定培训讲师管理办法。[①]

---

① 李智，樊庆敏．教练员岗位培训讲师资格认定办法与培训基地认定评估体系的构建
[C] //中国体育科学学会．2011 第九届全国体育科学大会论文摘要汇编（1）．上
海：第九届全国体育科学大会，2011：633-634.

一、优化培训讲师的人员构成情况

要构建田径教练员岗位培训讲师资格认证体系，首先要明确培训讲师的人员构成情况。笔者对应该聘请哪类人员担任我国田径教练员岗位培训的讲师以多选题的形式进行了问卷调查，统计结果见图 8-2。

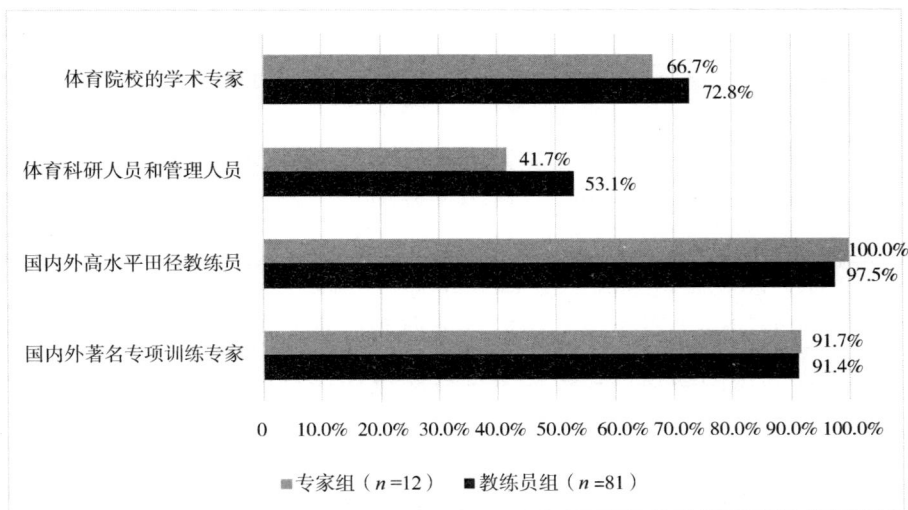

图 8-2　我国田径教练员岗位培训讲师选聘情况统计结果

从图 8-2 可以看出，两组调查对象对我国田径教练员岗位培训讲师选聘情况的看法趋于一致。在四类讲师中，最受欢迎的是国内外高水平田径教练员，因为这一群体具有丰富的一线带队训练经验，他们不仅能够准确地洞察培训学员在训练中存在的主要问题，而且能够以学员易于接受的案例分析的形式解决实际的田径训练问题。可以说，他们的成功执教经验对培训学员提升执教水平的实际需求有着最直接的吸引力。同时，因为国内外高水平田径教练员在运动训练方面已经取得了一定的个人成就，因此，他们对培训学员也有一种榜样的激励作用。但是，目前我国田径教练员岗位培训对培养高水平田径教练员讲师的重视程度还有待加强。受欢迎程度排第二的讲师类型是国内外著名专项训练专家，因为现阶段训练工作的专项分化程度呈现越来越精细的趋势，因此，一些著名的力量、耐力和速度训练专家的专项训练理论与实践也有助于田径教练员专项训练能力的提升。受欢迎程度排第三的讲师类型是体育院校的学术专家，这也是目前我国田径教练员岗位培训讲师队伍的主力。值得注意的是，有 33.3% 的专家未选择此选项。这或许印证了上文提出的观点：体育院校的学术专家对田径训练一线的情况了解不多，因此，他们无法很好地满足培训学员对获得实用性知识的需求，在田径教练员岗位培训班的授课过程中逐渐感到力不从心。受欢迎程度排在最后的讲师类型是体育科研人员和管理人员，为什么呢？这可能是因为我国的体育科研工作和管理工作与运动训练实践之间缺乏紧密的联系。竞技体育发达国家的体育科研人员与体育教练员之间的联系非常紧密，科研实验的目的主要是帮助教练员和运动员解决实际训练问题，无论是运动员的训练计划制订、训练负荷变化还是训练方法的应用，都应根据运动员在训练过程中的生理监测指标变化情况而定。这种体育教练员懂科研、科研人员懂训练的环境，以及训练与科研紧密结合的工作形式都非常值得我国借鉴。根据《关于深化教练员岗位培训教学改革，探索建立"能力本位"教学模式的意见》的要求，教练员岗位培训教学工作需要一支既有丰富的运动训练竞赛经验、又有深厚理论基础的师资队伍。根据我国目前情况，需要组成由教练员、科研人员、院校教师和管理干部"四结合"的师资队伍。在注重对院校教师培训的同时，还应十分注意对有实践经验的教练员、科研人员和管理人员的培训，使他们逐步成为教练员岗位培训的师资骨干力量。因此，我国田径教练员岗位培训工作应该重视对高水平田径教练员讲师的培养工作，在提高对专项实践课的重视程度的同时，积极选聘高水平田径教练员担任专项实践课的授课讲师。同时，某些理论水平较高的高水平田径教练员也应该承担部分专项理论课的教学工作，以达到理论与实践密切结合的目的。

二、培训讲师资格认证体系的构建

我国各省、自治区、直辖市、新疆生产建设兵团田径中级教练员岗位培训的讲师队伍建设工作存在着缺乏统一标准和规范的问题，这个问题应该引起岗位培训管理人员的重视。笔者"对各省、自治区、直辖市、新疆生产建设兵团田径中级教练员岗位培训的讲师队伍进行规范化培养与管理的必要性"进行了问卷调查，调查结果见表8-9。

表8-9 "对各省、自治区、直辖市、新疆生产建设兵团田径中级教练员岗位培训的讲师队伍进行规范化培养与管理的必要性"的调查结果

同意程度	教练员组（$n=81$）		专家组（$n=12$）	
	频数	百分比/%	频数	百分比/%
非常同意	42	51.9	8	66.7
比较同意	31	38.3	4	33.3

同意程度	教练员组（n=81）		专家组（n=12）	
	频数	百分比/%	频数	百分比/%
一般	7	8.6	0	0
比较不同意	1	1.2	0	0
非常不同意	0	0	0	0

从表 8-9 可以看出，认为对各省、自治区、直辖市、新疆生产建设兵团田径中级教练员岗位培训的讲师队伍进行规范化培养与管理非常必要和比较必要（即选"非常同意"和"比较同意"）的教练员的比例达到了 90% 以上，专家的比例则高达 100%。这一统计结果说明，各省、自治区、直辖市、新疆生产建设兵团田径中级教练员岗位培训的讲师队伍急需进行规范化培养与管理。

根据国际田联的讲师资格培训制度，讲师要在统一进行培训并获得合格证书以后才能担任助理讲师，且要以助理讲师的身份进行两次相应等级的教练员培训班的授课实践以后才能正式作为主任讲师进行授课。与我国田径中级教练员岗位培训班由各省、自治区、直辖市、新疆生产建设兵团体育局负责组织的情况类似，国际田联一级教练员培训班和二级教练员培训班由各会员田径协会自主举办。不同的是，全球范围内各会员田径协会举办的国际田联一级教练员培训班、二级教练员培训班都有统一的规范和制度，聘用经过国际田联统一培养和认证的培训讲师，采用国际田联提供的统一的培训教材、资料和课程体系，并按要求进行有统一标准的考核评估工作。因此，笔者认为，田径运动管理中心应重视各省、自治区、直辖市、新疆生产建设兵团田径中级教练员岗位培训讲师队伍的统一培养与管理工作，逐步构建讲师队伍的规范化培养与认证制度。在将国际田联一级教练员培训课程引入我国田径初级教练员岗位培训课程的前提下，建议各省、自治区、直辖市、新疆生产建设兵团体育局选派理论水平与实践能力兼具的人员参加国际田联一级讲师培训课程，培训合格并获得一级讲师资格的人员可作为各省、自治区、直辖市、新疆生产建设兵团的田径初级教练员岗位培训讲师进行授课。田径中级教练员岗位培训讲师的培养与管理工作可由田径运动管理中心指定培训基地统一进行，这样不仅能够达到规范化建设各省、自治区、直辖市、新疆生产建设兵团田径中级教练员岗位培训讲师队伍的目的，也能达到统一各省、自治区、直辖市、新疆生产建设兵团田径中级教练员岗位培训课程体系和考核评估工作的目的。需要指出的是，根据国际田联的讲师资格培训制度，讲师承担着培训教练员的重要工作职责，因此，对讲师的素质能力应有较高的要求，一般情况下，讲师培训的合格率应为 70%～80%。

与田径中级教练员岗位培训的讲师队伍建设缺乏统一规范与标准的主要问题不同，田径高级教练员岗位培训的讲师队伍建设存在的主要问题是缺乏科学有效的业务培训。北京体育大学和上海体育学院举办的全国田径高级教练员岗位培训班的讲师团队以校内田径专业、运动训练学和基础学科的骨干教师为主，以高水平田径教练员和进行专题讲座授课的管理人员为辅。以北京体育大学举办的 2018 年全国田径高级教练员岗位培训班（田赛项目）为例，在 14 位授课讲师中，校内田径专业教师有 6 位，基础学科教师有 4 位，高水平田径教练员有 2 位，管理人员有 2 位。从讲师人员构成来看，最主要的问题是高水平田径教练员的数量较少。因此，田径高级教练员岗位培训讲师队伍建设中缺乏高水平田径教练员团队的这一问题客观存在，田径高级教练员岗位培训在实践性教学方面难以满足学员的实际需求。因为校内教师缺乏一线带队训练经验，其课堂讲授的理论内容往往缺乏在实践中的应用和检验，也难以使用培训学员易于接受的生动有趣的案例分析或视频录像分析等形式进行授课。因此，笔者认为，应对田径高级教练员岗位培训的讲师队伍进行规范的业务培训，建立相应的业务培训管理制度。其中，由田径专业教师构成的讲师团队应深入了解高水平田径队的运动训练情况，获取一定的一线带队训练经验；由基础学科教师构成的讲师团队应进行田径运动训练规律和发展趋势方面的业务培训；由高水平田径教练员构成的讲师团队应进行教学方法论与理论等方面的业务培训，以达到提升其授课水平的目的。

综上所述，我国田径教练员岗位培训应逐步构建讲师资格认证体系，加强对授课讲师的培训工作，建立一支既有深厚理论功底，又有丰富实践经验的相对稳定的讲师队伍。同时，田径教练员岗位培训主管部门应该制定讲师的考核或评价标准，建立科学的评估与激励机制，以实现对讲师队伍进行动态化管理的目的。

第四节　我国田径教练员岗位培训评估体系的完善

培训评估工作作为培训体系的最后一个环节，既是衡量整个培训活动实施效果的主要手段，又为下一次培训活动的开展提供了重要的导向信息。根据在培训领域广泛应用的柯氏四级培训评估模型的理论，完整的培训评估工作应该从反应层面、学习层面、行为层面和结果层面四个层次进行，其关系是层层递进的，在实际操作上具备由易到难的特点。但我国田径教练员岗位培训体系的评估工作只涉及学习层面，而不涉及反应层面、行为层面和结果层面，因此，下面先论述学习层面。

一、学习层面评估工作的完善

我国田径教练员岗位培训体系的评估工作只涉及学习层面，且评估工作主要存在考核方式不规范和考核通过率过高等问题。在考核方式方面，田径中级教练员岗位培训班的考核方式并无统一的规范和标准，一般以作业、笔试和论文答辩的形式为主；田径高级教练员岗位培训班的考核方式主要有自学作业、课后作业和论文答辩等形式。根据《关于深化教练员岗位培训教学改革，探索建立"能力本位"教学模式的意见》的要求，根据教练员岗位培训的教学目标，应采取由笔试、口试、论文或专题答辩、训练或竞赛现场模拟测试和实验操作等多种考核形式。笔者对我国田径教练员岗位培训的考核形式以多选题的形式进行了问卷调查，统计结果见图8-3。

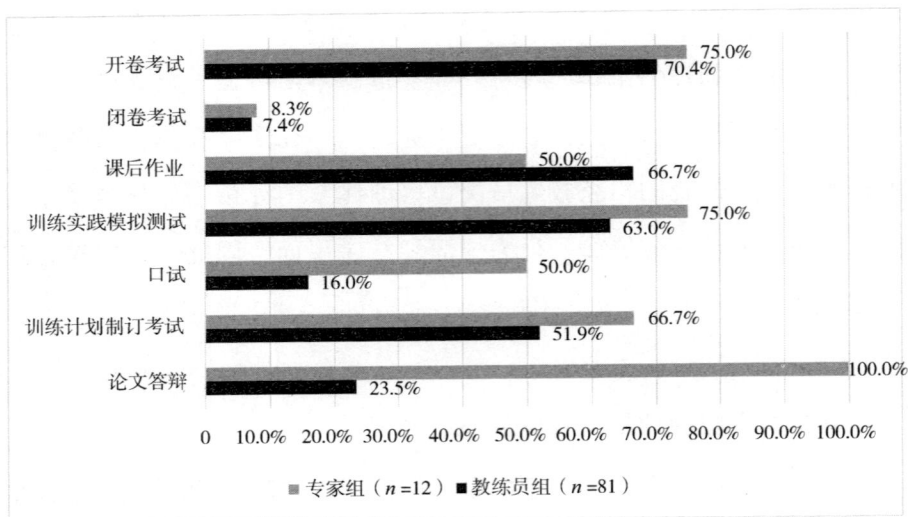

图8-3 我国田径教练员岗位培训的考核形式统计结果

　　统计结果显示，开卷考试、课后作业、训练实践模拟测试和训练计划制订考试是两组调查对象均认为比较重要的考核形式。而有较大分歧的考核形式是论文答辩和口试，选择这两种考核形式的专家的比例明显高于选择这两种考核形式的教练员的比例，这或许是教练员的科研写作能力和语言表达能力相对较弱的缘故。除课后作业以外，选择各个考核形式的教练员的比例都要低于相应条件下专家的比例，这或许与教练员希望考核形式简单化的心理相关。

　　国际田联一级教练员培训班的考核形式包括开卷笔试和实践课考试两种形式，二级教练员培训班和三级教练员培训班的考核形式包括开卷笔试、实践课考试和训练计划设计考试三种形式。其中，训练计划设计考试是要求培训学员根据讲师设定的运动员的实际年龄、生理年龄、性别、参加项目、训练年限、最好成绩和训练阶段等参数，针对特定的训练目标设计训练计划的考试。针对我国田径教练员岗位培训体系的考核形式不够规范化与多样化的现实问题，笔者认为，可适当参考国际田联教练员培训和认证体系的考核形式，并结合我国田径教练员岗位培训体系的教学目标创新培训的考核形式。具体来说，在将国际田联一级教练员培训课程引入我国田径初级教练员岗位培训课程的前提下，建议我国田径初级教练员岗位培训采用国际田联一级教练员培训的考核形式。根据《体育教练员职务等级标准》的要求，中级和高级教练员应具备撰写科研论文的岗位职责标准，田径中级教练员岗位培训和田径高级教练员岗位培训应继续采用论文答辩的考核形式考查教练员的科研能力。同时，田径中级教练员岗位培训和田径高级教练员岗位培训应增加训练实践模拟测试和训练计划制订考试两种考核形式，从田径教练员指导训练和制订训练计划等方面考查其专项执教能力，真正考核培训学员在田径教练员岗位上的工作能力。

在学习层面评估我国田径教练员岗位培训工作存在的另一个问题是考核通过率过高。在培训的考核工作中，除了个别学员因考勤不合格未通过考核以外，一般情况下，考勤合格的学员基本都能通过岗位培训获得培训合格证书，学员的考核通过率接近100%。这种接近100%的考核通过率是否合理应该引起培训管理人员的重视。笔者对"我国田径教练员岗位培训考核通过率的合理范围"进行了问卷调查，调查结果见表8-10。

表8-10　对"我国田径教练员岗位培训考核通过率的合理范围"的调查结果

合理范围	教练员组（$n=81$）		专家组（$n=12$）	
	频数	百分比/%	频数	百分比/%
95%~100%	39	48.2	1	8.3
90%~95%（含95%）	30	37.0	6	50.0
80%~90%（含90%）	9	11.1	4	33.4
70%~80%（含80%）	3	3.7	1	8.3

从表8-10可以看出，专家组选择的考核通过率的合理范围主要在80%~95%（含95%）区间，而教练员组选择的考核通过率的合理范围主要在90%~100%区间。两组调查对象在考核通过率的合理范围的选择上具有一定的差异性，这种现象应该与作为考核对象的教练员希望通过培训考核的主观愿望相关。但是，考核通过率接近100%显然不符合我国田径教练员岗位培训考核工作的目的和意义，参加各级岗位培训的田径教练员是否都能具备该职务等级教练员应具备的岗位工作能力也值得进一步探讨。我国田径教练员岗位培训合格的评价标准是否科学合理这一问题应引起岗位培训管理人员的重视，因为培训合格的评价标准不仅关系到培训学员对培训工作的重视程度，也关系到田径教练员岗位培训工作的效果。因此，笔者认为，我国田径教练员岗位培训应建立合理的培训考核淘汰制度，以保证田径教练员岗位培训工作的长期可持续发展。

二、反应层面评估工作的创新

我国田径教练员岗位培训评估工作并未在柯氏四级培训评估模型的第一层次，即反应层面上进行，而国际田联教练员培训和认证体系的评估工作则采用学员填写问卷的形式在反应层面上分别针对学员对讲师的评价和学员对课程的评价进行调查。笔者对"以学员填写问卷的形式对田径教练员岗位培训讲师进行考核的可行性"和"以学员填写问卷的形式对田径教练员岗位培训课程进行评价的可行性"分别进行了问卷调查，调查结果见表8-11和表8-12。

表8-11 对"以学员填写问卷的形式对田径教练员岗位培训讲师
进行考核的可行性"的调查结果

同意程度	教练员组（$n=81$）		专家组（$n=12$）	
	频数	百分比/%	频数	百分比/%
非常同意	44	54.3	7	58.3
比较同意	30	37.0	3	25.0
一般	7	8.7	2	16.7
比较不同意	0	0	0	0
非常不同意	0	0	0	0

表8-12 对"以学员填写问卷的形式对田径教练员岗位培训课程
进行评价的可行性"的调查结果

同意程度	教练员组（$n=81$）		专家组（$n=12$）	
	频数	百分比/%	频数	百分比/%
非常同意	35	43.2	6	50.0
比较同意	37	45.7	3	25.0
一般	9	11.1	3	25.0
比较不同意	0	0	0	0
非常不同意	0	0	0	0

从表 8-11 和表 8-12 可以看出，有 91.3% 的教练员和 83.3% 的专家认为以学员填写问卷的形式对田径教练员岗位培训讲师进行考核非常可行和比较可行（即选"非常同意"和"比较同意"），有 88.9% 的教练员和 75% 的专家认为以学员填写问卷的形式对田径教练员岗位培训课程进行评价非常可行和比较可行（即选"非常同意"和"比较同意"）。需要注意的是，对田径教练员岗位培训讲师进行考核要求培训学员对每位授课讲师分别从教学语言、教学内容、教学方法和教学态度等方面进行评价，以达到直观地了解每位讲师的授课特点和存在问题的目的，并以此作为未来的讲师选聘工作的重要参考依据。学员对田径教练员岗位培训课程的评价主要涉及对培训内容、培训设施、培训方法、培训考核和培训的组织管理工作等方面的评价，这样，多方面的评价让田径教练员岗位培训管理人员既能直观地了解学员对培训课程的接受度和满意度，又能对学员反映的共性问题进行研究，以确定培训课程未来的改进方向。

三、行为层面和结果层面评估工作的创新

我国田径教练员岗位培训体系和国际田联教练员培训和认证体系均未进行柯氏四级培训评估模型中的行为层面或结果层面的培训评估。在行为层面的评估方面，我国田径教练员岗位培训的行为层面评估工作可以在培训工作结束 3 个月以后，通过考查教练员在训练计划的制订、训练方法的使用和训练理念的更新等工作行为和态度上的变化来进行。在结果层面的评估方面，我国田径教练员岗位培训的结果层面评估工作可以在培训工作结束 6 个月以后，通过考查教练员所执教的运动员的成绩变化以及向上一级单位输送的优秀运动员的数量变化等方面来进行。因

为这两个层面的评估工作在实际操作上确实具有一定的难度，因此，大部分培训评估工作由于时间、精力和经费等种种因素的限制而无法在这两个层面上深入地推进。但是，不可否认的是，行为层面和结果层面的评估是反映培训工作的有效性的最直观的评估。对于田径教练员岗位培训工作来说，培训结束后对教练员在工作岗位上的行为态度和工作成绩的变化进行跟踪调查尤为重要。因此，笔者认为，我国田径教练员岗位培训工作的组织管理部门应提高对培训评估工作的重视程度，并在培训结束后的评估工作中逐步融入对培训学员的行为层面和结果层面的跟踪性评估调查工作，从而达到完善我国田径教练员岗位培训评估流程的目的。

最后，笔者认为，我国田径教练员岗位培训的组织管理部门应提高对构建培训评估数据库工作的重视程度，在借鉴国际田联教育系统数据库的构建模式和内容板块的基础上，结合我国田径教练员岗位培训的工作特点，达到逐步实现对我国田径教练员岗位培训信息和成绩数据等资料进行规范化管理的目的。

第五节　我国田径教练员岗位培训体系的创新模式

本书认为，我国田径教练员岗位培训体系的创新可以从改革岗位培训制度、创新培训课程体系、构建培训讲师资格认证体系和完善培训评估体系四个方面进行。在此基础上，本书推导出了我国田径教练员岗位培训体系的创新模式，该创新模式的四个核心要素分别为田径教练员岗位培训制度的改革、田径教练员岗位培训课程体系的创新、田径教练员岗位培训讲师资格认证体系的构建和田径教练员岗位培训评估体系的完善。我国田径教练员岗位培训体系的创新模式见图8-4。

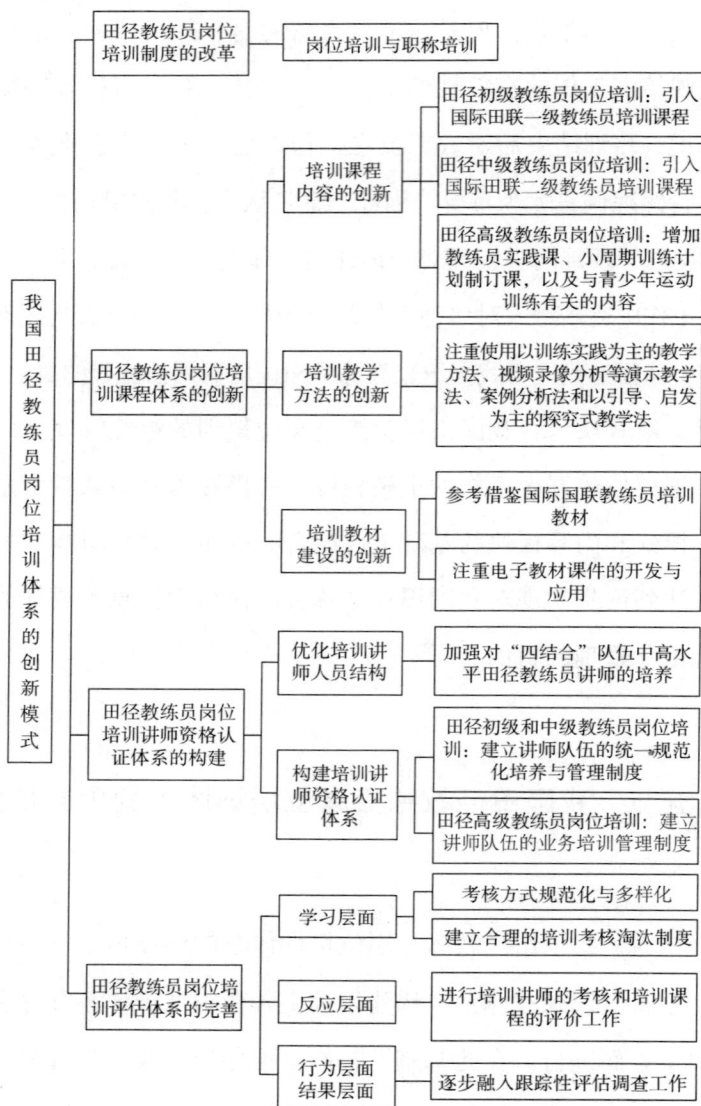

图8-4 我国田径教练员岗位培训体系的创新模式

结语

　　在全球化背景下，我国体育教练员培训工作的改革为大势所趋，田径教练员岗位培训工作应积极借鉴国际田联教练员培训和认证体系的发展经验，以顺应体育全球化的发展趋势。国际田联教练员培训和认证体系对我国田径教练员岗位培训体系的借鉴意义表现为：在课程设置上注重实践课和训练计划设计课的安排；在教学方法上注重采用以学员为主体的"自主性学习"教学方法；在配备丰富的传统教材资料的基础上注重对电子教材课件的开发与应用；重视对培训讲师资格认证体系的构建工作。

　　我国田径教练员岗位培训工作在战略目标定位、培训需求分析、培训的组织与实施以及培训效果的评估方面均存在广阔的发展空间和质量提升潜力。目前，我国田径教练员岗位培训工作呈现出"同班"不同"质"的现象，即参加同级岗位培训的学员的岗位情况和培训需求有所不同，培训工作难以兼顾不同类型学员的实际需求，也难以进行有针对性的按需施教，岗位培训制度有待进一步完善。

　　我国田径教练员岗位培训体系创新模式的核心要素为：田径教练员

岗位培训制度的改革、田径教练员岗位培训课程体系的创新、田径教练员岗位培训讲师资格认证体系的构建、田径教练员岗位培训评估体系的完善。我国田径教练员岗位培训课程体系的创新策略为：创新课程内容，将国际田联一级和二级教练员培训课程适度引入我国田径初级和中级教练员岗位培训课程，田径高级教练员岗位培训课程应适当增加训练计划制订课、专项实践课和教练员实践课等内容；创新教学方法，加强对以训练实践为主的教学方法、视频录像分析等演示教学法、案例分析法和以引导、启发为主的探究式教学法的运用；创新教材资料，在借鉴国际田联传统纸质教材的基础上，注重电子教材课件的开发与应用。我国田径教练员岗位培训讲师资格认证体系的构建策略为：建立田径初级、中级教练员岗位培训讲师队伍的统一规范化培养与管理制度，以及田径高级教练员岗位培训讲师队伍的业务培训管理制度。我国田径教练员岗位培训评估体系的完善策略为：学习层面上加强培训考核形式的规范化和多样化，建立合理的培训考核淘汰制度；反应层面上进行培训讲师的考核和培训课程的评价；行为层面和结果层面上逐步融入对培训学员的跟踪性评估调查。

针对我国田径初级、中级教练员岗位培训工作缺乏统一规范和标准的问题，笔者认为，我国田径教练员岗位培训工作的组织管理人员应加强对田径初级、中级教练员岗位培训的规范化管理工作；积极借鉴国际田联关于青少年运动训练理论与实践的研究成果，将国际田联一级教练员培训课程引入我国田径初级教练员岗位培训课程。针对我国田径中级教练员岗位培训课程存在的无统一规范和标准以及缺乏专项训练理论和实践等问题，笔者建议将国际田联二级教练员培训课程引入我国田径中级教练员岗位培训课程。

　　经过对国际田联教练员培训和认证体系的深入分析与研究，笔者建议我国田径教练员岗位培训工作的组织管理人员重视国际田联教练员培训和认证体系中值得借鉴的经验和方法，参考本书中创新我国田径教练员岗位培训体系的研究成果，以推动我国田径教练员岗位培训体系的长期可持续发展。